ST. PETERSBURG

INSIDER-TIPP
Deine Abkürzung ins Erleben!

Reisen mit MARCO POLO
Insider-Tipps

W0172158

MARCO POLO TOP-HIGHLIGHTS

CHRISTI-AUFERSTEHUNGS-KIRCHE ⭐1

Diese knallbunte Zwiebelturm-kirche voller Mosaike ist das „russischste" Bauwerk in der sonst so westlich wirkenden Stadt.
📷 *Tipp: Die Kuppeln durch die Windungen des schön schnörke-ligen Parkgitters gleich daneben anvisieren.*

➤ S. 42

EREMITAGE ⭐2

Mehr als ein Kunstmuseum: Der Winterpalast stiehlt in seiner Pracht Bildern und Skulpturen oft die Schau.

➤ S. 31

ISAAKSKATHEDRALE ⭐3

Eine Kirche wie ein Berg. Die Kolonnade belohnt mit dem besten Ausblick über die Altstadt.
📷 *Tipp: Abends ist der Aufstieg teurer – aber dafür sind die endlosen Dachlandschaften viel plastischer!*

➤ S. 36

EHERNER REITER ⭐4

Auf dem größten je von Menschenhand bewegten Stein-block macht Zar Peter der Große für Russland einen mächtigen Sprung nach vorne.

➤ S. 35

NEWSKI PROSPEKT ⭐5

Petersburgs Prachtboulevard, durchgehend historisch und zugleich doch eine vibrierende City-Achse.
📷 *Tipp: Grüne Ampel abwarten, losspurten – und die Straßen-flucht vom Mittelstreifen aus zen-trieren!*

➤ S. 39

STRELKA

Steht man auf dieser Landspitze, öffnet sich das historische Zentrum in einem Ring um eine weite Wasserfläche.

📷 *Tipp: Spiele mit den beiden riesigen Steinkugeln unten am Wasser – also rein optisch, versteht sich.*

➤ S. 56

BERNSTEINZIMMER ⭐

Ein verloren gegangenes Weltwunder ist auferstanden – im Katharinenpalast von Zarskoje Selo, dem schönsten Zarenschloss von Petersburg.

➤ S. 65

MARIINSKI-THEATER ⭐

Ballett-Mekka und Opern-Olymp: Dank eines Neubaus bespielt das Kultur-Flaggschiff nun zwei Bühnen zugleich.

➤ S. 106

GENERALSTAB ⭐

Die ganz großen – und heute besonders teuren – Meister der Kunstgeschichte: Hier hängen ihre Werke zu Dutzenden.

➤ S. 34

PETERHOF ⭐

Das „russische Versailles" verzaubert mit Fontänen, einem überreichen, barocken Palast und einem Park am Meer.

📷 *Tipp: Alle knipsen die Große Kaskade von unten. Doch nur von der Balustrade darüber bekommt das Bild Tiefe.*

➤ S. 68

INHALT

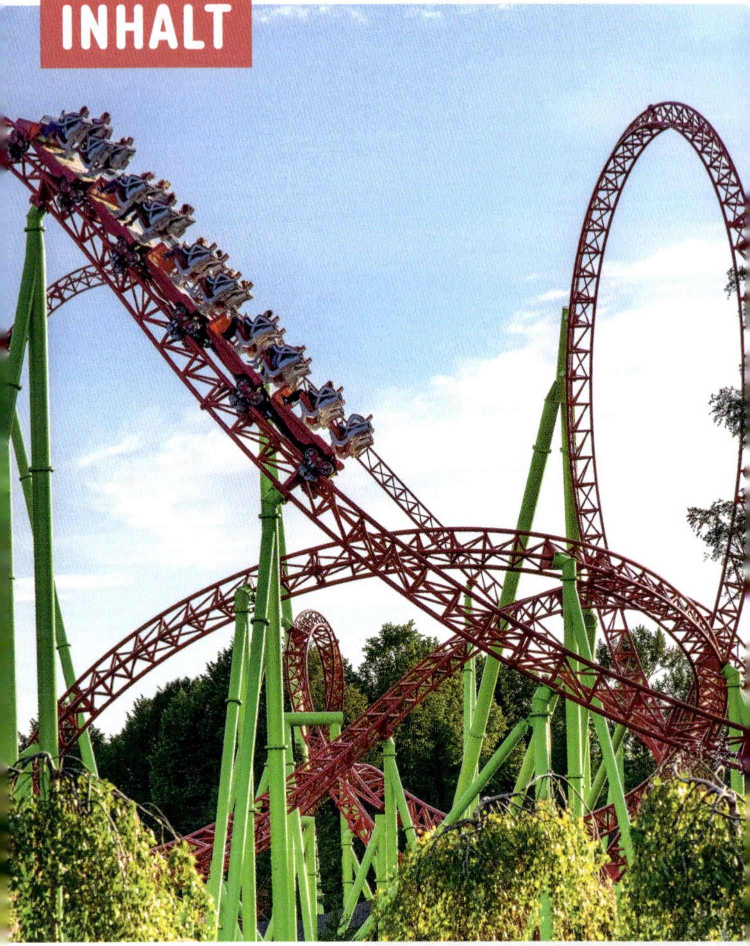

**BESSER PLANEN
MEHR ERLEBEN!**

Digitale Extras
go.marcopolo.de/app/stp

	Besuch planen		Bei Regen
€–€€€	Preiskategorien		Low Budget
(*)	Kostenpflichtige Telefonnummer		Mit Kindern
			Typisch

(A2) Herausnehmbare Faltkarte
(0) Außerhalb des Faltkartenausschnitts

INHALT

DAS BESTE ZUERST

Gartenkunst und mehr: Zarskoje Selo mit dem Katharinenpalast

BEST OF
BEI REGEN

SCHÖN, AUCH WENN ES REGNET

DER SHOPPING-GIGANT

Ein Konsumangebot, das andernorts ganze Innenstädte füllen würde, findest du in der Mall *Galereja* unter einem Dach. Es regnet noch immer? Es gibt hier auch mehrere Restaurants.

➤ S. 92

FINNISCH-RUSSISCH-RÖMISCHES SCHWITZEN

Bei fiesem Wetter ist ein Saunabesuch gerade richtig. Und wenn der in eine Luxus-Therme mit großem Schwimmbecken wie die im *Solo Sokos Hotel Palace Bridge* führt – noch besser!

➤ S. 111

ARKADEN IM KARREE

Nein, du musst auch bei Regen nicht auf einen 2 km langen Frischluftspaziergang samt Schaufensterbummel verzichten – dem zweistöckigen Laubengang rund ums historische Kaufhaus *Gostiny Dwor* sei Dank (Foto)!

➤ S. 38

ZEITREISE MIT DER EISENBAHN

Russlands größtes *Eisenbahnmuseum* ist vom Warschauer zum Baltischen Bahnhof umgezogen – und bekam ein großzügiges Dach über den Kopf. Fürs Freigelände sollte man dennoch einen Schirm einstecken.

➤ S. 63

SELBST IST DER STADTFORSCHER

Im interaktiv angereicherten Museum *Die Geschichte Petersburgs-Petrograds 1703–1918* in der Festung darfst du in Schränke und Schubladen schauen, in Fernsprechermuscheln lauschen – und überall Spannendes entdecken.

➤ S. 52

GEMÜTLICHE GASTSTUBE

Erst ein Kännchen Tee und eine Partie Backgammon auf dem Sofa, dann leckere *pelmeni* und ein Glas Wein – im wohnlichen Kellerrestaurant *Idiot* lässt sich leicht ein halber Tag verbummeln.

➤ S. 82

BEST OF
LOW-BUDGET

PETERS BURG

Die Haseninsel mit der *Peter-Paul-Festung* ist ein großes Freiluftmuseum – und der Stadtstrand vor ihren Mauern ideal zum Relaxen. Der Eintritt in die Keimzelle der Stadt ist frei.
➤ S. 50

ZEITREISE IN DEN STALINISMUS

Die *Metrostationen zwischen Awtowo und Ploschtschad Wosstanija* sind ein Architekturmuseum der 1950er-Jahre, das nur eine Metromünze kostet.
➤ S. 129

LUSTWANDELN MIT BILDUNGSANSPRUCH

Der elegante *Sommergarten* ist – mit seinen 90 klassischen Skulpturen – ganz zu Recht eine Filiale des Russischen Museums. Trotz Kassenhäuschen und Drehkreuzen an den Eingängen ist Russlands ältester Park kostenlos zugänglich.
➤ S. 38

FREILUFTDISKO IM SOMMER

Auf der *Strelka* tut sich an Sommerwochenenden Erstaunliches: Tanz-Fans bauen abends Musikanlagen und DJ-Pulte auf – und dann tanzen alle, die Zeit und Lust haben, zu Popklassikern oder Tangomusik ordentlich ab (Foto).
➤ S. 57

JUGENDSTIL-SCHATULLE MIT BAHNANSCHLUSS

Ein Jugendstilgebäude von innen besichtigen – das geht nicht nur in Museumsbauten: Der *Witebsker Bahnhof* ist von 1904 und bietet neben stilvoller Innenarchitektur auch Dampflokaura.
➤ S. 67

UNBEZAHLBARE KUNSTSCHÄTZE FÜR UMSONST

Du bist zufällig am ersten Donnerstag des Monats oder am 7. Dezember in Petersburg? Dann darfst du kostenlos in die *Eremitage* und deren Filialen.
➤ S. 33

SPANNENDES FÜR GROSS & KLEIN

SCHUSSFAHRTEN UND SCHLEUDERSITZE
Achterbahn fahren in St. Petersburg? Hier wurde es erfunden! Der Besuch im spektakulären Vergnügungspark *Diwo Ostrow* ist kulturhistorisches Bildungsprogramm für den Nachwuchs!
➤ S. 111

MANEGE FREI!
Zirkus ist in Russland nicht einfach nur Spaß und Akrobatik, sondern eine Kunstform. Und zwar eine traditionsreiche, wie die Vorstellungen des Zirkus Ciniselli im schönen alten *Zirkusbau an der Fontanka* beweisen (Foto).
➤ S. 44

ALT-PETERSBURG STEHT MODELL
Züge gibt es nicht in dieser riesigen Modellwelt – denn die waren im frühen 18. Jh. noch nicht erfunden. Aber fahrende Schiffe und Kutschen bringen reichlich Leben ins historische Stadtmodell *Petrowskaja Aquatoria*.
➤ S. 37

BESUCH BEI FAMILIE MAMMUT
Im *Zoologischen Museum* zeigt sich die ganze Tierwelt unter einem Dach – halt nur leider ausgestopft. Die lang ausgestorbenen Mammuts gibt es nicht nur als dürre Skelette zu sehen, sondern als Mumien mit Haut und Haar.
➤ S. 57

BEREIT ZUM ENTERN!
Von wegen Rutsche-Schaukel-Wippe-Sandkasten: Im *Kultur-Zentrum Neu-Holland* hat der Spielplatz die Struktur und das Format eines veritablen alten Segelschiffs.
➤ S. 36

WO RUSSLAND SICH KLEIN MACHT
Diese Modelleisenbahn hat reichlich Humor und Phantasie: Lassen die Macher von *Grand Maket* doch glatt Putin mit bloßem Oberkörper auf einem Bären durch die Taiga reiten…
➤ S. 63

DAS ERLEBST DU NUR HIER

KUNSTGENUSS IM WINTERPALAST

Du musst kein Kunstkenner sein, um dich in die prachtvollen Säle der *Eremitage*, das edle Parkett, den Stuck und die Wand- und Deckenmalereien zu vergucken – ein Gesamtkunstwerk!
➤ S. 31

FARBRAUSCH IN DEN WEISSEN NÄCHTEN

Nutze das Pastell-Abendlicht für einen Spaziergang an der Newa entlang des Universitäts-Kais. Dann leuchten die Fenster und Fassaden der Paläste am Ufer gegenüber im Abendrot.
➤ S. 24

HOMMAGE AN AMSTERDAM UND VENEDIG

Petersburg wirkt vom Wasser aus am schönsten. Kleinere Rundfahrtboote tuckern mit dir auch über die schmalen Wasserläufe, da, wo Petersburg am romantischsten ist (Foto).
➤ S. 137

TREPPAUF, TREPPAB DURCHS KÜNSTLERBIOTOP

Die Hinterhäuser des *Art-Center Puschkinskaja 10* stehen offen für eine Entdeckungsreise durch Galerien und Ateliers der nonkonformen Kunstszene.
➤ S. 48

BACK IN THE USSR

Zuckersüße Nostalgie: Im Stehcafé *Pyschetschnaja* gibt's Sowjet-Donuts, Kaffee vom Fass – und sonst nichts, das aber in dieser typischen Imbissbude schon seit Jahrzehnten!
➤ S. 78

FREIE FAHRT FÜR FRACHTER

Nach Mitternacht werden nicht die Bürgersteige, sondern die Brücken – für vorbeifahrende Schiffe – hochgeklappt. Pilger in einer der Weißen Nächte zur *Schlossbrücke*, dort erwartet dich das typischste aller Petersburg-Motive.
➤ S. 34

SO TICKT ST. PETERS BURG

Kunst, lokalpolitisch: Ilja Repins „Sitzung des Stadtrats" im Russischen Museum

ENTDECKE ST. PETERSBURG

Gigantische Dimensionen: der Schlossplatz mit der 600 t schweren Alexandersäule

An der Mündung der Newa in die Ostsee trifft die sprichwörtliche russische Weite auf Europas Stadtkultur: St. Petersburg, alte Zarenhauptstadt und zugleich jüngste Metropole Europas, fasziniert mit einem überreichen Erbe an Kultur, Kunst und Architektur – und dem Szeneleben einer modernen Fünf-Millionen-Stadt. Erkunde den Westen im Norden des Ostens!

WASSER, EIS UND WEISSE NÄCHTE

St. Petersburgs Mitte hat etwas von einer Fata Morgana, nicht nur im unwirklichen Pastelllicht der berühmten Weißen Nächte im Sommer. Steht man auf der Troizki-Brücke, hoch über der weiten Wasserfläche der Newa, so scheint die Stadt zu schwimmen. Horizontale Linien prägen das Bild: die langen

1703
Stadtgründung: Baubeginn der Festung St. Petersburg

1712
Zar Peter I. erklärt St. Petersburg zur Hauptstadt

1824
Rekord-Hochwasser: Die Newa steigt um 4,21 m

1914
Mit Kriegsbeginn Umbenennung in Petrograd

1917
Sturz des Zarenregimes im Februar, Machtergreifung der Bolschewisten im Oktober

1918
Verlegung der Hauptstadt nach Moskau

Ufermauern, die einheitlich hohen Prachtbauten entlang der Kais. Und Brücken, die so flach sind, dass man sie nächtens aufklappen muss, um Schiffe passieren zu lassen. Wasser, viel Wasser – und Eis im Winter – bilden das Zentrum der viertgrößten Stadt Europas. Doch von diesen Ufern aus wurde die riesige Landmasse Russland zwei Jahrhunderte lang beherrscht. Hier floss ihr Reichtum zusammen und schlug sich in Form atemberaubender Kunstschätze und Baudenkmäler nieder. Deshalb ist St. Petersburg mit seiner Vielzahl an Museen und Palästen heute „Russlands Kulturhauptstadt".

EINE FIXE IDEE AUF FEUCHT-SUMPFIGEM GRUND

St. Petersburg ist jünger als New York und hat doch in nur 317 Jahren enorme Höhenflüge und katastrophale Krisen durchlebt. Und nach allen Gesetzen der Wahrscheinlichkeit dürfte es diese Stadt gar nicht geben: Nirgendwo auf der Welt gibt es eine so weit nördlich gelegene Millionenstadt. Auch der Boden, auf dem exakt am 27. Mai 1703 von Peter dem Großen die Festung „Sankt Piter-Burch" gegründet wurde, war dafür denkbar ungeeignet: ein sumpfiges Flussdelta ohne Weg und Steg. Bei steifem Westwind herrschte gleich Land unter. Alle anderen europäischen Metropolen haben gewachsene Strukturen. Der Bau von St. Petersburg war jedoch die fixe Idee eines ebenso skrupellosen wie fortschrittlichen Diktators. Zar Peter verheizte dafür Abertausende seiner Untertanen – um diesen öden Außenposten seines Reichs schon 1712 an Stelle des „ewigen Moskaus" zur Hauptstadt zu erklären!

1924
Nach Lenins Tod Umbenennung in Leningrad

1941-1944
Während der 870 Tage der deutschen Belagerung sterben 1 Mio. Menschen

1991
Zerfall der Sowjetunion. Rückbenennung der Stadt

2003
Rekonstruktion des Bernsteinzimmers wird fertig

2011
Flutschutzdamm verhindert ab jetzt Hochwasser

2019
Das Lachta Center, Europas höchster Wolkenkratzer, wird bezogen

KULTUR-MEKKA DES 19. JAHRHUNDERTS

Doch Peters phantastische Idee war kein Luftschloss: Entgegen allen Unkenrufen und Prophezeiungen, diese irreale, unrussische Stadt würde eines schrecklichen Tages von Wassermassen wieder in die Ostsee gespült, gedieh St. Petersburg unter seinen Nachfolgerinnen und Nachfolgern zu einer würdigen Reichszentrale. Die besten Baumeister Europas durften hier nun Kathedralen, Paläste, Plätze und Prospekte (breite, schnurgerade Hauptstraßen) nach dem letzten Stand der Architektur und Ingenieurskunst gestalten. Barock, Klassizismus und schließlich Jugendstil prägten das Stadtbild. Für hochkarätige Autoren (Puschkin, Dostojewski, Gogol) und Komponisten (Tschaikowski, Mussorgski, Rimski-Korsakow) war dies der Boden, um nicht weniger dauerhafte geistige Werke zu schaffen.

ZWEIMAL AM RAND DES UNTERGANGS

Gegen die Welle der Revolutionen, die 1917 das Zarenregime hinwegfegte, halfen aber auch die soliden Granitufermauern nichts. Petrograd (wie die Stadt ab Kriegsbeginn 1914 hieß) wurde die Hauptstadtwürde entzogen. Hunger, Seuchen und Terror dezimierten die Bevölkerungszahl bis 1921 um 70 Prozent. Russlands „Fenster nach Europa" war nun mit Wellblech vernagelt. Nur 20 Jahre später schlug das Schicksal noch schrecklicher zu: Im Zweiten Weltkrieg wurde Leningrad (wie die Stadt ab 1924 hieß) eingekesselt, zerschossen und ausgehungert. Hitler wollte die Stadt vernichten, nicht erobern. 870 Tage dauerte die Blockade. Am Ende waren von den 3 Mio. Einwohnern, die Leningrad vor dem Krieg hatte, noch 600 000 übrig, 1 Mio. Menschen waren umgekommen – zumeist verhungert und erfroren.

UNSTERBLICHE AURA DER ALTEN ZEIT

Die Stadt wurde neu besiedelt, mit braven sowjetischen Werktätigen. Und erstaunlich, obwohl die alten Petersburger faktisch ausgerottet waren, hat der Geist der Stadt diese Leute ebenfalls in ihren Bann gezogen, spätestens in der zweiten Generation: „Leningrader" galt bald schon als Synonym für gebildete und kultivierte Menschen, die die vielen Theater und Museen ihrer Stadt nicht nur von außen kennen. Das Streben nach Macht, Geld und Ruhm ist bis heute mehr Sache der hektischen Moskauer – behauptet man zumindest in St. Petersburg …

Selbst die Degradierung zur Provinzmetropole erwies sich nachträglich als Segen. Das solide gefertigte Alt-Petersburg überdauerte ungerührt, nur bedeckt von einem dicken Grauschleier, die Sowjetära. Weder stalinistischer Zuckerbäckerpomp à la Moskau noch Nachkriegsbetonsünden wie in Westeuropa verunstalten das alte Stadtbild. Und für die zwischen Magdeburg und Magadan überall gleich aussehenden Plattenbau-Einöden gab es genug Platz am Stadtrand. Die Unesco erhob deshalb die ganze, bis heute dicht besiedelte historische In-

St. Petersburg kann auch Sommermärchen: Sonnenbaden an der Newa

nenstadt zusammen mit den wieder aufgebauten Schlössern und Parks im Umland zum Weltkulturerbe.

PETERSBURGS COMEBACK

1991 zerbrach die trübe sowjetische Käseglocke über der Stadt: Bei einem Refe-
rendum stimmte eine Mehrheit der Bevölkerung für die Rückbenennung in St.
Petersburg. Armut, Krise und Chaos waren in den 1990er-Jahren allerdings so
stark, dass es aussah, als sei der schleichende Verfall der Stadt nicht mehr zu
stoppen. Die Zeiten haben sich jedoch geändert – auch, weil 2000 im Kreml mit
Putin und Medwedew eine neue „Petersburger Dynastie" die Staatsführung
übernahm. In der Stadt begann das große Reinemachen – und beim Sanieren
geht man nun gründlich zur Sache. Stete Einnahmen aus dem Öl- und Gasex-
port bescheren Russland eine solide wirtschaftliche Basis. Die Budgets von Staat,
Stadt und Privatunternehmen waren über Jahre wieder groß genug, um wichti-
ge Investitionen – in Großprojekte, aber auch in die lange vernachlässigte Infra-
struktur – auf den Weg zu bringen. Der von Gazprom errichtete höchste Wolkenkratzer Europas, das Lakhta Center, das neue Flughafenterminal und das
Ufo-artige Fußballstadion sind Zeugen dieses jüngsten Aufbruchs.
Zwar ist der Kontrast des Lebensstandards zwischen Armen (vor allem den Rent-
nern) und Reichen sogar für europäische Verhältnisse inzwischen extrem, aber
im Durchschnitt geht es den Menschen doch deutlich besser. Auch die Zahl derer,

die nur mit Müh' und Not über die Runden kommen, ist in der Putin-Ära deutlich zurückgegangen: Nach der amtlichen Statistik lebten 2018 in der Stadt nur noch 8 Prozent unter der – allerdings sehr niedrig angesetzten – Armutsschwelle. Die Massen meist neuer Autos, die Tag für Tag Hauptstraßen und Innenstadt verstopfen, sind ein etwas unangenehmer Beweis des allgemeinen Wohlstandsschubs der letzten Jahre. Auf den Straßen ist das Vorwärtskommen deshalb an Werktagen immer recht mühsam und die Luft auf den Magistralen entsprechend belastet.

LEBENSLUSTIG UND KREATIV IN DIE ZUKUNFT

Für Besucher hat diese Entwicklung aber auch viele positive Seiten: Reihenweise entstanden neue Restaurants, Cafés, Bars, Geschäfte, Hotels – und deren Betreiber legen im harten Konkurrenzkampf Wert auf Qualität und Originalität. Besonders rege haben sich der Newski Prospekt und seine unmittelbaren Nebenstraßen gewandelt. In Ladenlokalen, wo vor der Jahrtausendwende noch Kohlköpfe und Kartoffeln an die Bewohner der umliegenden *kommunalkas* verkauft wurden, sind heute Boutiquen und Bars eingezogen, und in den Etagen darüber liegen Luxusapartments. Neue Noblesse verbreiten aber auch die beiden Jugendstil-gesättigten Hauptachsen der Petrograder Seite, der Kamenoostrowski und der Bolschoj Prospekt, das großbürgerliche Umfeld des Taurischen Gartens und die wegen ihrer besonderen Petersburger Aura geschätzten Uferstraßen der innerstädtischen Kanäle.

DAS BOURGEOISE LEBENSGEFÜHL IST ZURÜCK

Nicht nur die schmale Oberschicht der Superreichen, auch die neue Mittelklasse erwartet kreative Angebote und Service „wie in Europa", sie kann sich gute Qualität auch leisten. Zumal Russen eher zum munteren Ausgeben ihres Geldes tendieren – solange welches da ist, wohlgemerkt. Understatement ist nicht unbedingt ein russischer Wesenszug. So wird in der Innenstadt wieder ein bourgeoises Lebensgefühl zelebriert, als hätte es die Sowjetzeit nie gegeben. Dazu gehören nicht nur dicke Autos, sondern auch eine phantasievolle Gastronomie-, Kunst- und Kulturszene, die sich gerne die noch immer reichlich vorhandenen unsanierten Hinterhofareale erschließt. In alten Mauern blüht neues urbanes Leben auf wie in Neu-Holland oder den Kreativ-Clustern Golizyn Loft und Berthold Centre.

DAS FLAGGSCHIFF IST AUF DEM RICHTIGEN KURS

Und selbst die gehobene Kultur muss nicht länger nur mit der Erbmasse haushalten: Famose Neubauprojekte wie die zweite Mariinski-Bühne und die Eremitage-Filiale im Generalstabsgebäude ziehen jetzt noch mehr Besucher an. St. Petersburg, ganz zu Recht Russlands stolzes Fremdenverkehrs-Flaggschiff, hat mächtig Fahrt aufgenommen.

AUF EINEN BLICK

5.350.000
Einwohner

Fast so viel wie Berlin und Hamburg zusammen

1–30 M
Höhe über dem Meeresspiegel

87 KM²
der Stadtfläche wurden von der Unesco zum Weltkulturerbe ernannt

34 INSELN
342 BRÜCKEN
Venedig hat 120 Inseln und 435 Brücken

HÖCHSTER WOLKENKRATZER
462 M
= Höhe von Commerzbank Tower plus Ulmer Münster

JAHRESMITTEL
5,8° C
(+37° C UND –36° C SIND AUCH MÖGLICH)

TAGESLICHT
19 STD.
IM JUNI; IM DEZEMBER 6 STD.

METROSTATION ADMIRALTEJSKAJA

Mit 86 m unter der Erde die am tiefsten gelegene Station des tiefsten Metronetzes der Welt (125 km Länge, 72 Stationen)

1.013.653
Kunstwerke befinden sich in der Eremitage – Münzen und archäologische Fundstücke nicht mitgerechnet

60° NORD, 30° OST

St. Petersburg liegt so nördlich wie die Südspitze Grönlands und so östlich wie Istanbul

ST. PETERSBURG VERSTEHEN

ZWEIKLASSEN-KASSEN

Ein unschönes Erbe aus längst vergangenen Sowjetzeiten ist mancherorts die Preispolitik, in der Eremitage genauso wie in der Zarenresidenz Peterhof und dem Mariinski-Theater: Ausländer müssen 20 bis 120 Prozent mehr Eintritt zahlen als einheimische Besucher. Die Kulturinstitute begründen dies mit dem Einkommensgefälle und der Tatsache, dass die Russen die Touristenattraktionen ja bereits mit ihren Steuergeldern finanzieren. Protestieren hilft nichts, und nur wer wirklich perfekt Russisch spricht, kann probieren zu schummeln. Ein Trost bleibt: In den 1990er-Jahren war die Preisdifferenz noch deutlich größer – und es gab sie auch bei Inlandsflügen, Bahnfahrkarten und Hotelzimmern.

LAND UNTER!

Die Hochwassergefahr hing seit seiner Gründung wie ein Damoklesschwert über St. Petersburg: Wenn ein Sturm das Wasser der Ostsee in deren flachen und engen Ostzipfel drückte, konnte der Pegel in der Newa-Mündung innerhalb von Stunden um mehrere Meter steigen. 1824 waren es furchterregende 4,21 m – fast die ganze Stadt stand unter Wasser. Doch seit 2011 ist die Gefahr gebannt: In 30 Jahren Bauzeit wurde die Newa-Bucht durch einen Flutschutzdamm abgeriegelt. Wer per Schiff nach Petersburg kommt, passiert auf der Höhe von Kronstadt das gewaltige Haupttor des Bollwerks – und bemerkt nicht, dass unter ihm auch noch die über den Damm führende Ringautobahn in einem Tunnel verläuft.

GRÜNES GLÜCK

Gegengewicht zum grauen Großstadt-Plattenbau-Alltag und Fluchtpunkt für Wochenende und Ferien ist die Datscha: Je nach Geldbeutel, Erbmasse und Hobbys kann sie eine abgelegene Bruchbude, eine blumige Gartenidylle, eine hochproduktive Gemüsefarm oder eine veritable Vorstadtvilla sein. Dazu gehört auch eine *banja:* das separat stehende, feuchtheiße Schwitzbad.

DAS RUNDE IM OVALEN

Russland ist ja eher eine Eishockey-Nation. Aber mit der Weltmeisterschaft 2018 hat der russische Fußball einen mächtigen Kick bekommen – das eigene Team stürmte überraschend bis ins Viertelfinale und die einmonatige Party bleibt unvergessen. St. Petersburg war der zweitwichtigste Spielort nach Moskau. Vorbereitet hatte sich die Stadt darauf lange: Nach geschlagenen zehn Jahren Bauzeit, ungezählten Skandalen und einer Preissteigerung auf das Siebenfache der ursprünglichen Kalkulation – sprich 700 Mio. Euro! – war auf der Kreuzinsel 2017 das riesige Sankt-Petersburg-Stadion mit Platz für 68 000 Zuschauer eingeweiht worden. Weil das Wetter so weit im Norden nicht

Ufo mit verschließbarem Dach und fahrbarem Rasen: das Sankt-Petersburg-Stadion

gerade das fußballfreundlichste ist, bekam die Ufo-artige Riesenschüssel an der Ostseeküste nicht nur ein Schiebedach, sondern auch einen Schieberasen: Das Spielfeld kann durch einen Schlitz unter den Tribünen aus dem Oval gefahren werden, damit es draußen Sonne tanken kann. Nach mächtigen Anlaufschwierigkeiten zur WM gerade noch fertig wurde auch eine Verlängerung der Metro-Linie 3, die direkt zum Stadion führt. Denn wie sagt ein russisches Sprichwort so schön: Russen schirren lange an, fahren dann aber umso schneller.

LGBT? NJET!

So weltoffen sich Petersburg gern gibt, Schwule und Lesben, Trans- und Bisexuelle sind bei der mehrheitlich erzkonservativen Politikerkaste schlecht gelitten. Deshalb war die Stadt sogar Vorreiter, als in Russland unter dem Mantel des Jugendschutzes Gesetze gegen „homosexuelle Propaganda" geschmiedet wurden. Seit 2012 dürfen Schwule und Lesben nicht mehr demonstrieren oder Paraden abhalten – denn Minderjährige könnten dies ja sehen. In den einschlägigen Clubs und Bars lebt die Szene aber ungestört weiter, Eintritt ist ja erst ab 18. In der Öffentlichkeit sollten sich gleichgeschlechtliche Paare aber unauffällig verhalten, um keine Gewalt zu provozieren, denn Schwulenhasser fühlen sich nun moralisch im Recht.

BRÜCKENLÜCKEN

Für Touristen sind sie eine Attraktion, für Petersburger Nachtmenschen ein Ärgernis: Von April bis November wer-

Krimi oder Schmonzette? Egal, Hauptsache ein Buch ist dabei!

den jede Nacht zwischen ca. 1.10 und 5 Uhr (die Zeiten variieren je nach Brücke) alle Newa-Brücken hochgezogen. Dann fahren Frachtschiffe durch die schmalen Öffnungen – zuerst der Konvoi stromaufwärts. Wer unbedingt zu dieser Zeit ans andere Ufer muss, hat drei Möglichkeiten: a) Warten bis kurz vor 3 Uhr, dann werden die Blagoweschtschenski-, die Schloss- und die Tutschkow-Brücke für 20 bis 40 Minuten wieder herabgelassen. b) Per Taxi einen großen Bogen schlagen über zwei hohe Autobahn-Hängebrücken. c) Metro fahren: Samstag- und Sonntagmorgen gibt es einen nächtlichen Pendelverkehr im 20-Minuten-Rhythmus zwischen den Stationen Admiraltejskaja und Sportiwnaja (Linie 5), allerdings nur zwischen 1 und 3 Uhr.

GAZPROMS GLASNADEL

462 Meter! So hoch hinaus ragt das spitze Lakhta Center – und das in einer Stadt, die sich für ihre elegante historische Skyline ohne jede Wolkenkratzer rühmt. 2018 wurde die neue Konzernzentrale von Gazprom fertiggestellt. Als höchstes Haus Europas ist es nun Petersburgs neue Topattraktion: Im 87. Stock, auf 369 m, gibt es eine verglaste Rundum-Aussichtsplattform. Und auf der 75. Etage ist ein Restaurant vorgesehen. Von dort oben kann man bei klarer Sicht ganz Petersburg überblicken. Der Preis dafür: Obwohl der gigantische Büroturm am Stadtrand steht, schiebt er sich in viele Panoramen des historischen Stadtbilds. Andererseits ist der gewaltige Menhir des mächtigen

Gazprom-Konzerns eben auch ein Denkmal der jetzigen Epoche – und im besten Geist des Stadtgründers Peters des Großen. Dessen fixe Idee, in einem nasskalten Sumpf eine Hauptstadt zu bauen, war ja, nüchtern betrachtet, auch deplatziert und gigantomanisch.

WG WIDER WILLEN

In etwa 90 000 Petersburger Wohnungen, zumeist in Altbauten, haben die Bewohner keine eigene Küche. Schlange stehen vor Bad und Toilette ist ebenfalls Alltag, denn all dies müssen sie sich mit ihren „Nachbarn" aus den anderen Zimmern teilen. Anders als in einer WG tun sie dies aber nicht freiwillig: Die Bewohner haben für besseren Wohnraum schlicht kein Geld. Oder sie kamen nicht zum Zug, als die Sowjetbehörden massenweise billigen Wohnraum in Plattenbauten schufen. Obwohl nach dem Ende der Sowjetzeit viele *kommunalkas* von reicheren Mitbürgern aufgekauft und aufgelöst wurden, lebt noch immer jeder achte Petersburger in einer solchen Zwangs-WG. Diese Art des Wohnens ist eine Erblast aus der frühen Sowjetzeit: In den 1920er-Jahren wurden in großbürgerliche Wohnungen massenweise Proletarier einquartiert – die angestammten Bewohner wurden enteignet und mussten zusammenrücken.

LENINGRAD LEBT!

Junge Russen verbinden mit „Leningrad" nicht mehr vorrangig den sowjetischen Namen St. Petersburgs, sondern die vor mehr als 20 Jahren

KLISCHEE KISTE

LAND DER WODKANAUTEN

Russen trinken alle anderen Nationen unter den Tisch, heißt es. Doch Weltmeister beim Alkoholverbrauch sind ihre westlichen Nachbarn: In Litauen, Weißrussland und Moldawien wird deutlich mehr gebechert. Russland liegt mit 13,9 Liter reinem Alkohol auf Platz 4 – und nur etwa eine Flasche Wodka pro Jahr vor Tschechien und Rumänien. Da jedoch ca. ein Sechstel der Bevölkerung Russlands eher abstinente Muslime sind, rücken die ethnischen Russen wohl doch aufs Siegertreppchen. Sofern sie nicht runterkippen

VOLKSDROGE LESESTOFF

Russland ist eine „Lesenation", so ein (ausnahmsweise positives) Vorurteil. Aber es ist was Wahres dran: Das Bildungsniveau ist hoch, und auf den langen öden Metrofahrten sieht man viele Menschen in E-Reader oder Bücher versunken. Wohlgemerkt Bücher, denn die Printpresse hat seit Sowjetzeiten einen schlechten Ruf und wird wenig goutiert. Zwar kann einem in der U-Bahn schon mal ein junger Mann auffallen, der tatsächlich die „Ilias" von Homer liest (und sich dafür nicht schämt!), die meisten greifen aber eher zu Unterhaltungsliteratur: seichte Romane für sie oder wilde Verschwörungstheorien für ihn.

entstandene Kult-Band von Sergej Schnurow, genannt „Schnur". Der unangepasste, intellektuelle Rockrabauke und Petersburger Lokalpatriot hatte wegen seiner notorisch unfeinen Ausdrucksweise in Moskau jahrelang Auftrittsverbot. Da er inzwischen zu den beliebtesten und kreativsten Köpfen der russischen Kulturszene gehört, hat Schnurow nun Narrenfreiheit, volle Säle und bei Youtube Clips mit 66 Mio Klicks.

Die Alteingesessenen, die nie einsehen, warum sie ihre Heimatstadt seit dem Namensreferendum 1991 nicht mehr Leningrad nennen sollen, sterben indessen langsam aus. Dennoch bleibt der Name präsent: Der Petersburger Flughafen Pulkovo hat weiterhin das Kürzel LED, und in Moskau fahren die Züge nach Nordwesten noch immer am „Leningrader Bahnhof" ab. Und das administrativ unabhängige Umland heißt weiterhin offiziell „Leningrader Gebiet".

Daneben hat die Stadt noch einen kurzen Kosenamen: „Piter". Den nutzt auch Schnurow in seinen provokanten Liedern: 2016 landete er mit „W Pitere pit", einer Hommage ans hemmungslose Saufen und Feiern, einen Riesenhit. Selbst in der Stadtregierung war man sich uneins, ob das witzige Musikvideo „Trinken in Piter" nun eine schamlose Beleidigung der Kulturmetropole war – oder eine tolle Werbung.

ZWIELICHTIGE PARTYS

⚑ Die „Weißen Nächte" sind die Partybeleuchtung Petersburgs. Die Zeit um die Sommersonnenwende ist so etwas wie das Markenzeichen von St. Petersburg. Wegen der nördlichen Lage nur knapp unter dem 60. Breitengrad wird es von Anfang Juni bis Mitte Juli nachts nicht mehr dunkel. Die Sonne taucht zwar gegen 22.30 Uhr für fünf Stunden hinter dem nördlichen Horizont ab, aber das Abendrot geht stufenlos ins Morgenrot über. Wenn dann im Pastellzwielicht die Brücken hochgezogen werden und große Frachtschiffe im Konvoi auf der Newa paradieren, sind die Ufer in der City voller feiernder, fröhlicher Leute: Schlafen kann man anderswann und anderswo!

STADT-SCHÖNHEITEN

Und wir sprechen hier mal nicht von Baudenkmälern! Russische Frauen zwischen 14 und 40 legen einen enormen Wert auf ihr Erscheinungsbild. Feminin, wenn nicht gleich sexy soll es sein: knackenge Jeans, hochhackige Pumps oder Stiefel, lange Haare, immer perfektes Make-up. Teure Klamotten können sich natürlich nicht alle leisten, aber zum Eindruck schinden reichen auch textile Raubkopien vom Stadtteilmarkt. Der Mainstream ist stark: Deutlich seltener als in westlichen Großstädten sieht man junge Menschen, die über die Mode ihr Anderssein ausdrücken, etwa als Punk, Emo oder Kreation Eigenbau. Die maskuline Welt – vor gar nicht so langer Zeit noch im Glauben, auch Trainingshosen und Unterhemden seien stadtfein – zieht nach: Zumindest in der Altersklasse unter 30 legen auch viele Männer Wert auf modisches Outfit.

SUV-KÖPFE

Im Straßenbild sind sie allgegenwärtig: schwarze, hubraumstarke Geländewagen mit finster getönten Scheiben. Was Russland-Neulinge zunächst für einen Geheimdienstgroßeinsatz oder Mafiabetriebsausflug halten könnten, ist normaler Stadtverkehr, und am Steuer sitzen durchschnittliche Geschäftsleute oder Manager. Den Russen ist, sobald sie überdurchschnittlich verdienen, ihr automobiler Status enorm wichtig. Und ein großes Allradvehikel gilt als ebenso prestigeträchtig wie (wegen des harten Winters und der schlechten Datschazufahrten) praktisch. Autoprotz gehört auch zu fast jeder Hochzeit: Selbst wenn Normalbürger heiraten, wollen sie wenigstens an diesem Tag wie Popstars in Hollywood vorfahren. Als Hochzeitskutschen sind deshalb omnibuslange Stretchlimousinen fast obligatorisch – auch weil sich da drin so schön feiern lässt.

HYGIENETAG

Der *sanitarny den* („Hygiene-Tag") ist eine aus Sowjetzeiten geerbte Institution – und oft ein Ärgernis: Einmal im Monat sind viele Museen, Behörden, Bibliotheken oder auch Bankfilialen zusätzlich zum üblichen Ruhetag geschlossen, formell für ein Großreinemachen.

Rabauke, Rocker, Lokalpatriot: Sergej Schnurow, Stimme der Kult-Band Leningrad

SIGHT SEEING

St. Petersburg ist ein städtebauliches Gesamtkunstwerk – verteilt auf drei Dutzend Inseln und riesengroß noch dazu: Allein die noch vor der Revolution 1917 entstandene – und bis heute erstaunlich betonsündenfreie – Altstadt erstreckt sich je etwa 6 km in Nord-Süd- und in Ost-West-Richtung.

Über dieses als Weltkulturerbe anerkannte Flächendenkmal verteilen sich hochkarätige Museen, Paläste, Prachtbauten, Kathedralen, Klöster und großartige Plätze in enormer Anzahl: So sehr man sich für die Besichtigung auch eine gute Route überlegt – die Entfernun-

Goldene Pracht mit Wasserspiel: Schloss Peterhof

gen werden zwangsläufig auch die Füße beeindrucken! Zeit und Kräfte lassen sich aber sparen: Scheue dich nicht, öffentliche Verkehrsmittel zu nutzen – sie sind billig und ihr Tarifsystem extrem simpel. So kommst du auch leicht in abgelegenere Viertel und vor die Stadt, wo nicht weniger hochkarätige Attraktionen warten: Vom Street Art Museum bis zum zaristischen Prunkschloss hält St. Petersburg schließlich jede Menge einmaliger Eindrücke bereit!

DIE STADTVIERTEL IM ÜBERBLICK

PETROGRADSKAYA
ПЕТРОГРАДСКАЯ СТОРОНА

Most Betankura
мост Бетанкура

Makarova Embankment
Ural'skaya Street
уральская улица

Malaya Zelena St.
Большая Зеленина улица

Malyy Prospekt P.S.
Малый проспект П.С.

Bolshoy Prospekt
Большой проспект П.С.

Kamennoostrovsky Ave.
Каменноостровский проспект

Kronverkskiy Avenue
Кронверкский проспект

Alexander Park

Malaya Neva

Smolenka

Peter-Paul-Festung ★ ⦿

Makarova Embankment набережная Макарова

Tuchkov-Brücke
Тучков мост

GAVAN
ГАВАНЬ

Maliy Avenue of V.I. Малый проспект В.О.

Srednii Avenue of V.I.
Средний проспект В.О.

Bol'shoy Avenue of V.I.
Большой проспект В.О.

Line 8 8-я линия В.О.
Line 9 9-я линия В.О.

1st Line 1-я линия В.О.

Strelka ★ ⦿

Eremitage ★ ⦿

Generalstab ★ ⦿

Eherner Reiter ★ ⦿

Isaakskathedrale ★ ⦿

Nevsky
Невский

Gorokhovaya Street
Гороховая улица

WASSILI-INSEL S. 55
Ein Eiland voller Geschichte

ADMIRALTEISKI
АДМИРАЛТЕЙСКИЙ Р-Н

Moika
Мойка

Voznesenskiy проспект
Вознесенский проспект

Sadovaya Street
Садовая улица

Moskovskiy Avenue
Московский проспект

Neva

STADTMITTE S. 38
Turbulente City im historischen Gewand

⦿ **Peterhof** ★

Finskij Zaliv

⦿ **Bernsteinzimmer** ★

Fontanka

KOLOMNA
КОЛОМНА

MARCO POLO HIGHLIGHTS

★ **EHERNER REITER**
Peter, der Übergroße, setzt als eindrucksvolles Denkmal zum großen Sprung an ➤ S. 35

★ **EREMITAGE**
Weltberühmter Musentempel, der selbst ein Kunstwerk ist ➤ S. 31

★ **GENERALSTAB**
Das zweite Standbein der Eremitage. Mit einer Impressionistensammlung von Weltrang ➤ S. 34

★ **ISAAKSKATHEDRALE**
Außen streng und massiv, innen hell, feierlich und goldgeschmückt ➤ S. 36

★ **CHRISTI-AUFERSTEHUNGSKIRCHE**
Wo Zar Alexander II. bei einem Bombenattentat starb, entstand diese ungewöhnliche Kirche ➤ S. 42

★ **NEWSKI PROSPEKT**
Durch Petersburgs Schlagader pulsiert das Leben zwischen exklusiven Läden, Hotels und Restaurants ➤ S. 39

VYBORGSKAYA PART
ВЫБОРГСКАЯ СТОРОНА

PETROGRADER SEITE S. 49
Wo Sankt Petersburg seinen Anfang nahm

RUND UM DIE ADMIRALITÄT S. 30
Prunk pur im Zentrum des Zarenreichs

MOSKAUER BAHNHOF S. 45
Von Subkultur bis Heiligenschrein

Petrogradskaya Embankment
Петроградская набережная

Pirogovskiy Embankment
Пироговская набережная

Kondrat'yevskiy Prospekt
Кондратьевский проспект

Polyustrovskiy Prospekt
Полюстровский проспект

Piskarovskiy Prospekt
Пискарёвский проспект

Sverdlovskaya Embankment
Свердловская набережная

Neva

Smol'naya Embankment
Смольная набережная

Неva

Shpalernaya ulitsa
Шпалерная улица

Tauride Garden

Kirochnaya Street
Кирочная улица

📍 Christi-Auferstehungskirche ⭐

ZENTRALNY
ЦЕНТРАЛЬНЫЙ РАЙОН

Liteyniy Pr.

📍 Newski Prospekt ⭐

Suvorovskiy Ave.

Maloohkitinskaya Embankment
Малоохтинская набережная

Sadovaya ulitsa
Садовая улица

Fontanka River Embankment
набережная реки Фонтанки

Nevskiy prospekt
Невский проспект

APRAKSIN DVOR
АПРАКСИН ДВОР

Nevskiy prospekt
Невский проспект

A. Newski-Bridge
мост Александра Невского

Zagorodnyy Avenue
Загородный проспект

Ligovskiy Avenue
Лиговский проспект

Obvodnyy Channel Embankment
набережная Обводного канала

500 m
547 yd

⭐ **PETER-PAUL-FESTUNG**
Der harte Kern der Stadt auf der Haseninsel wurde zum Museumskomplex ausgebaut ➤ S. 50

⭐ **STRELKA**
Von hier aus gesehen – und fotografiert – bilden all die großartigen Gebäude im Stadtzentrum den prächtigen Rahmen für den Flusslauf der Newa ➤ S. 56

⭐ **PETERHOF**
Verschwenderisch schön, innern und außen: eine Zarenresidenz als russisches Versailles an der Küste vor den Toren der Stadt ➤ S. 68

⭐ **BERNSTEINZIMMER**
Eine Legende, restauriert und wieder auferstanden aus Ruinen ➤ S. 65

RUND UM DIE ADMIRALITÄT

Auf der Admiralitätsinsel zwischen Newa und dem Flussarm Moika ließen die Zaren ihre Baumeister so richtig klotzen.

Peter der Große plante die Admiralität als Zentrum seiner neuen Stadt. Repräsentative Paläste und Regierungsbauten formen heute zusammen mit einer riesigen Kathedrale ein ausgewogenes Ensemble – auch wenn jeder Bau für sich gesehen eher überdimensioniert wirkt. Doch Schlossplatz, Isaaksplatz und Senatsplatz bilden zusammen die Herzkammern des historischen Petersburgs. Ihren Puls muss man erspüren, um die Stadt verstehen zu können.

WOHIN ZUERST?

Bester Ausgangspunkt für die Entdeckung St. Petersburgs ist der **Schlossplatz** *(▢ G5–6)* vor dem Winterpalast: Hier spürt man die riesigen Dimensionen der Stadt. Und man kann in jede Richtung aufbrechen: zum Kunstgenuss in die Eremitage, zu einem Fünf-Brücken-Rundweg via Strelka und Peter-Paul-Festung über die Newa, zum Aufstieg auf die Isaakskathedrale zwecks „Überblick" – oder auf den Newski Prospekt zum Shopping und Studium des Stadtlebens. *Anfahrt mit der Metro 5 Admiraltejskaja.*

❶ ADMIRALITÄT (ADMIRALTEJSTWO)

Der prächtige Turm der Admiralität ist der wichtigste Orientierungspunkt in der Stadt: Sternförmig laufen der Newski Prospekt und zwei weitere Hauptstraßen darauf zu.

Den ursprünglichen Zweck, den er erfüllen sollte, sieht man dem Bau heute nicht mehr an: Im Jahr 1704 war er als Werft angelegt worden. In den 1730er-Jahren entstand dann der weithin sichtbare Torturm mit der 72 m hohen Spitze. In den Jahren 1806–23 schließlich erhielt die Admiralität ihr heutiges Aussehen mit ihrer 400 m langen klassizistischen Fassade. Wer genau hinschaut, entdeckt im zentralen Skulpturenfries den Meeresgott Neptun, wie er seinen Dreizack an Peter den Großen überreicht. Wie früher beherbergt der Gebäudekomplex seit 2012 wieder das russische Flottenoberkommando. Deshalb ist er für Besucher nicht zugänglich. *Metro 5 Admiraltejskaja | ▢ G5–6*

❷ SCHLOSSPLATZ (DWORZOWAJA PLOSCHTSCHAD)

Den Sommer über herrscht hier reges Leben: Wenn keine Sportveranstaltung oder ein Open-Air-Konzert ansteht, nehmen Skater, Straßenkünstler, Custom-Biker, Fiaker-Kutscher und Yoga-Begeisterte den Platz in Beschlag. Dabei ist Petersburgs gute Stube eine der erhabensten Platzanlagen der Welt. Das ist vor allem Baumeister Carlo Rossi zu verdanken, der 1819–29 das halbrunde Generalstabsgebäude dem Winter-

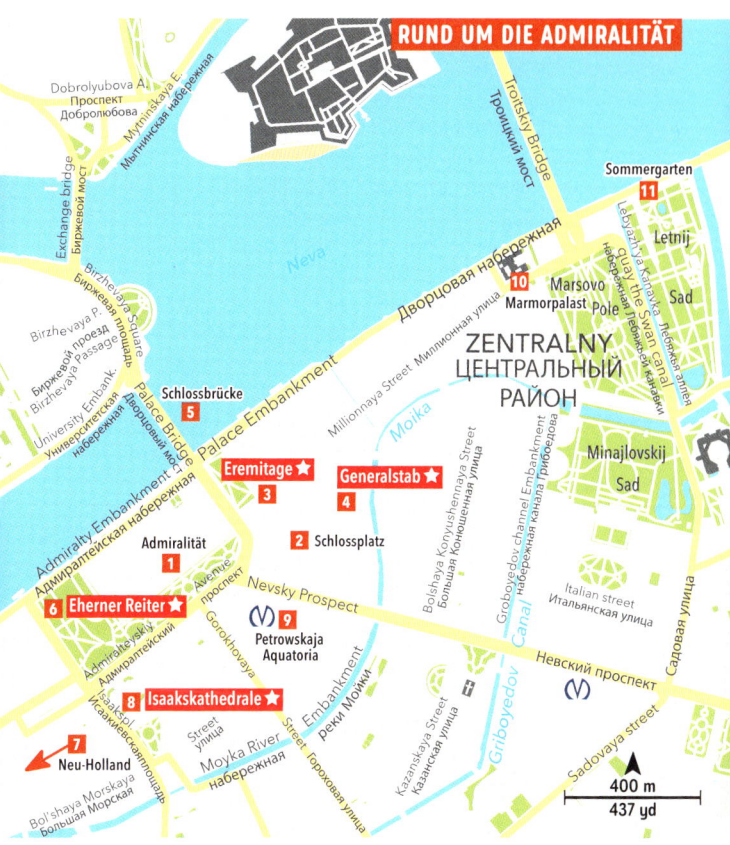

RUND UM DIE ADMIRALITÄT

palast gegenübersetzte. Die Fassade wird durch einen Triumphbogen aufgebrochen, gekrönt von einer Siegesgöttin in einem sechsspännigen Wagen – andere europäische Metropolen können nur Quadrigas vorweisen. Ebenfalls zur Feier des Sieges über Napoleon 1812 wurde 1832 auf dem Platz die 47,5 m hohe Alexandersäule aufgestellt. Ihr Mittelteil besteht aus einem 600 t schweren Granitblock. *Metro 5 Admiraltejskaja* | 🕮 *G5–6*

❸ EREMITAGE (GOSUDARSTVEN-NY ERMITASH) ⭐ 🚩

Für Kunstfreunde ist die Eremitage schon Grund allein, nach Petersburg zu kommen, denn dieses überwältigende Museum steht zu Recht auf einer Stufe mit Louvre, Prado oder dem Metropolitan in New York. Doch ist die Eremitage weit mehr als nur ein mit Kulturschätzen von Weltrang üppig bestücktes Museum: Der Winterpalast und seine Anbauten, die einstige Hauptresidenz der Zarendynastie, stellen selbst die prächtigsten unter den gezeigten 60 000 Exponaten dar. Wer also nur die historische Aura genießen und den Reichtum von Russlands Herrschern bestaunen möchte, kann sich auch einfach ziel- und zwanglos durch das Labyrinth der Säle und Gemächer treiben lassen.

Besucher betreten vom Schlossplatz durch ein prächtiges Tor zunächst den weiten Innenhof des Winterpalastes. Dieses barocke Schloss mit über 1000 Räumen wurde 1754–62 von Francesco Rastrelli „zum Ruhme Russlands" errichtet. Ein Großbrand 1837 zerstörte allerdings fast das gesamte Innenleben des Palastes, das später in neuer Pracht wiederhergestellt wurde.

Nach der Kassenhalle schreitest du über die pompöse Jordan-Treppe ins erste Obergeschoss, wo sich die Wege verzweigen: Geradeaus geht es in die Säle auf der Newa-Seite, wo Sonderausstellungen stattfinden. Nach links gelangt man in einige der reichsten Räume des Palastes: in den von vergoldeten Säulen flankierten festlichen Wappensaal, dann in die imposante Militärgalerie von 1812, den Georgssaal mit dem Zarenthron und schließlich die restaurierte Palastkirche. Wer sich nach der Jordan-Treppe dreimal nach links wendet kommt in die Kleine Eremitage und dort gleich in den im maurischen Stil gestalteten Pavillonsaal mit unglaublich feinen Mosaikarbeiten und dem unerwarteten Ausblick auf den „hängenden Garten" Katharinas II. An diesem Ort befand sich einst die Keimzelle der Eremitage: 1764 erwarb Katharina die Große bei einem Berliner Kunsthändler 225 Gemälde und ließ sie – „nur für mich und die Mäuse" – in

Allein die Eremitage mit der pompösen Jordan-Treppe lohnt den Besuch in Petersburg

ihren privaten Gartengalerien aufhängen. Daher auch der Name des Museums, der ja „Einsiedelei" bedeutet. Wer mittwochs um 20 Uhr hier ist, darf zusehen, wie eine riesige Spieluhr in Form eines vergoldeten mechanischen Pfaus aufgezogen und in Gang gesetzt wird.

INSIDER-TIPP
Mittwochs schlägt der Goldpfau Rad

Die Kunstkollektion des Hofes wuchs schnell weiter. Deshalb wurden ab 1770 die auf der Newa-Seite anschließende Alte Eremitage und um 1850 die dahinter liegende Neue Eremitage errichtet – diese als öffentlich zugängliches Museum. Ihr Architekt war der Münchner Leo von Klenze. Hinter dem Pavillonsaal, an einer großen grünen Malachitvase angekommen, solltest du entscheiden, was du weiter ansehen möchtest: Geradeaus folgt in der Alten Eremitage die italienische Abteilung mit zwei Da-Vinci-Madonnen (Raum 214) und den Raffael-Loggien (Raum 227), einem nach einem Vorbild im Vatikan ausgemalten Laubengang. Nach rechts führt der Weg zur holländischen und flämischen Malerei – ihr Höhepunkt ist der Rembrandt-Saal (Raum 227) mit über 20 Werken des Meisters. Wer an der Vase treppab geht, gelangt in die in Marmor gehüllte Antikenabteilung in der Neuen Eremitage. Oder du kehrst zurück in den Winterpalast: Auf dem gleichen Stockwerk befinden sich prachtvoll ausgestattete Gemächer der Zaren, etwa die jedem Bücherfreund den Atem raubende, wunderschöne Privatbibliothek von Nikolaus II. (Raum 178). Das eher wenig besuchte Erdgeschoss birgt die Frühkulturen von Ägypten bis Sibirien sowie zwei Schatzkammern *(nur mit Führung, Extraticket pro Kammer 350 Rbl)*, eine für Goldarbeiten, die andere für Edelsteine. Ein gut verstecktes Highlight ist hier der 2400 Jahre alte Pasaryk-Teppich (Raum 26): der älteste Teppich der Welt!

Achtung: Über die englischsprachige Website der Eremitage gekaufte Eintritts-Voucher für 17,95 USD oder 23,95 USD *(für zwei Tage hintereinander)* berechtigen zwar, die oft sehr lange Warteschlange am Eingang über einen speziellen Eingang von der Millionaja Uliza her zu umgehen; sie kommen aber bedeutend teurer als die (Ausländer-)Tagestickets, die man mit dem gleichen Effekt gegenüber im Generalstab oder an Karten-Automaten im Innenhof erwerben kann (spezieller Eingang dann im Hof links)! *Di–So 10.30–18, Mi, Fr bis 21 Uhr | 1. Jan u. 9. Mai geschl. | Tipp: im Sommer wegen Überfüllung auf die Abendöffnungszeiten am Mi und Fr ausweichen | Schlossplatz 2 | 700 Rbl (Ticket gilt am gleichen Tag auch für Generalstab, Menschikow-Palast und Winterpalast Peters I., Eintritt frei für Kinder und Studenten – auch ausländische – bei Vorlage eines Studentenausweises sowie* 🐷 *am ersten Do im Monat und 7. Dez. für alle Besucher) | Führungen: Tel. 812 5 71 84 46 | hermitage.ru | Metro 5 Admiraltejskaja |* ⏱ *3 h |* 🗺 *G5*

INSIDER-TIPP
Ohne Anstehen in den Kunsttempel

❹ GENERALSTAB (GLAWNY SCHTAB) ★

Äußerlich sieht man es dem streng-erhabenen Generalstabsgebäude nicht an: Seine Osthälfte ist seit 2014 das zweite Standbein der Eremitage. Bei der aufwendigen Sanierung wurden fünf Innenhöfe überglast. Eine Art Fußgängerbrücke durch gigantische Tore verbindet sie, dazwischen entstand, was auf der anderen Seite des Schlossplatzes immer fehlte: großzügige, zeitgemäße Räume für Installationen und kulturelles Sperrgut. Aber bei aller Architektur-Moderne – wie im Winterpalast ist die Orientierung nicht einfach! Als Dauerausstellungen sind zunächst im 3. Stock zunächst eine Empire-Ausstellung in den würdigen Wohnräumen des einstigen Zaren-Außenministers Karl Nesselrode sowie umfangreiche Sammlungen an westeuropäischer Kunst des 19. Jhs. zu finden.

Wer hier bereits angesichts von acht Caspar-David-Friedrich-Gemälden tief beeindruckt ist, wird sich schwer tun, den vierten Stock zu verkraften: Hinter dem sperrigen Namen *Gedenkgalerie für Sergej Schtschukin und die Brüder Morosow* (russische Sammler, deren Kollektionen nach 1918 verstaatlicht wurden) verbirgt sich der grandiose Bestand der Eremitage an Werken französischer Impressionisten und Postimpressionisten: 30 Bilder von Picasso füllen vier Räume, von Matisse gibt es 36 Werke, Renoirs Signatur sieht man 18 Mal, auch Werke von Cézanne, Gauguin und Monet gibt es jeweils mindestens im Dutzend … Integriert in diese völlig neu arrangierte Schau von Kunstwerken im Marktwert wohl mehrerer Milliarden Euro sind Bilder aus einst geheimen „Beutekunst"-Beständen, die 1995 erstmals von der Eremitage gezeigt wurden, so Edgar Degas' Werk „Place de la Concorde", das 1875 mit allen bis dahin geltenden Regeln der Bildkomposition brach. *Di, So 10.30–18, Mi, Fr bis 21 Uhr | Schlossplatz 6 | 300 Rbl (☞ Eintritt frei für Kinder und Studenten – auch ausländische – bei Vorlage eines Studentenausweises sowie am 7. Dez. und ersten Do im Monat für alle Besucher) | Führungen: Tel. 812 5 71 84 46 | hermitage.ru | Metro 5 Admiraltejskaja | ⏱ 2 h | ▥ G6*

INSIDER-TIPP
Ein Ölbild wie ein Fotoschnappschuss

❺ SCHLOSSBRÜCKE (DWORZOWY MOST) ⚑

Die 1912–16 neben dem Winterpalast errichtete Newa-Querung zieht in Weißen Nächten das Publikum magisch an: Ihre hochgeklappten Mittelflügel vor der Silhouette der Peter-Paul-Festung und dem Pastellhimmel sind das Petersburg-Motiv schlechthin. Vor allem am Wochenende tobt hier dann eine feucht-fröhliche Straßenparty mit allerlei Gauklern. Ungewöhnlich mitten im historischen Zaren-Zentrum sind die Sowjetsterne entlang der Trottoirs: Denn das solide Brückengeländer stammt aus den 1930er Jahren – als man eine der Kriegszeit geschuldete Sparlösung aus Holz ersetzte. *April–Nov. tgl. 1.10–2.50 u. 3.10–4.55 Uhr hochgeklappt | Metro 5 Admiraltejskaia | ⏱ 1 h | ▥ G5*

Wo (düstere) Geschichte zu urbaner Kultur mit hohem Chill-Faktor wird: Neu-Holland

6 EHERNER REITER (MEDNY WSADNIK) ★ ⚑

Das bekannteste Wahrzeichen Petersburgs: Das imposante Denkmal für Peter den Großen zeigt den Stadtgründer als dynamischen Visionär, der auf seinem sich aufbäumenden Pferd zum großen Sprung nach vorn ansetzt. Das Werk des Franzosen Etienne Falconet auf dem Senatsplatz wäre allerdings nur halb so attraktiv, stünde es nicht auf dem wie eine mächtige Woge geformten Sockel. Entstanden ist er aus einem ca. 1600 t schweren Felsblock, der in 12 km Entfernung gelegen hatte. Damit er transportiert werden konnte, baute man eigens einen Katamaran aus zwei Segelschiffen. Den Namen „Eherner Reiter" erhielt das Denkmal 1833 durch ein Poem Puschkins, auf Russisch heißt das Denkmal aber „Kupferner Reiter" – dabei ist die Statue aus Bronze. *Senatskaja Ploschtschad | Metro 5 Admiraltejskaja |* 🗺 *F6*

7 NEU-HOLLAND

Hier erfindet sich St. Petersburg gerade neu: Die historischen Gemäuer auf der dreieckigen Innenstadt-Kanalinsel nahe des Mariinski-Theaters werden von der Holding des Oligarchen Roman Abramowitsch picobello saniert. Aber nicht um als Luxuslofts weggeschlossen zu werden, sondern als Oase für lebhaft-urbanes Kultur- und Freizeitleben. In der „Flasche", einem ringförmigen Marinegefängnis von 1830, kochen seit 2017 zehn Imbisse und Bars georgisch, mexikanisch, israelisch, italienisch und vietnamesisch um die Wette – und servieren auch im Innenhof mit Konzertbühne. In der Etage darüber gibt es in Shops Mode, Comics, Frisuren, Design, Kunst- und Kinderbücher satt.

Apropos: 👥 Der Nachwuchs wird den Nachbau einer Fregatte aus den Zeiten Peters des Großen lieben – er ist nämlich zum Toben und Drinrumklettern da. Wenn nicht gerade auf der zentralen Wiese ein Event steigt, schlürfen die Eltern derweil zwischen Kräutergarten, Open-Air-Bühne und Pétanque-Bahn einen Cappuccino oder relaxen in den „freilaufenden" Gartenstühlen. Auch die uralten Backsteinlagerhäuser, in denen einst Holz für den Schiffbau trocknete, sollen bis 2025 nach und nach mit einer austarierten Mischung aus Kultur, Küche und Kommerz reanimiert werden. *Tgl. 9–22, Fr–So bis 23 Uhr | Eingang gegenüber Nabereschnaja Admiraltejskogo kanala 31 | newhollandsp.ru | Trolleybus 5, 22 | Bus 3,22,27 | 🚇 E7*

INSIDER-TIPP
Der beste Spielplatz der Stadt

8 ISAAKSKATHEDRALE (ISSAKIJEWSKI SOBOR) ★

Mit 101 m Höhe überragt die Kathedrale das Stadtzentrum, die goldene Kirchenkuppel ist die viertgrößte der Welt. Die Petersburger nennen gern weitere Superlative des 1858 von Montferrand nach 40 Jahren fertigge-

Wahrhaftig reich geschmückt: Fast eine halbe Tonne Gold steckt in der Isaakskathedrale

stellten Sakralbaus: 12 000 Menschen haben darin Platz, er ruht auf 10 762 in den Boden gerammten Pfählen. Die Wände sind bis zu 5 m dick. Zum Vergolden wurden 400 kg Gold verbraucht. Zur überaus üppigen Ausgestaltung des Innenraums dienten 43 verschiedene Mineralien. Die außen mit ihren 112 Monolithsäulen aus karelischem Granit streng und massiv wirkende Kirche ist im Innern hell und feierlich.

Zentrales Element ist die Ikonostase aus weißem Marmor, die von Säulen aus Malachit und Lazurit flankiert wird. 300 Skulpturen und 150 Gemälde ma-

chen die Kathedrale zu dem, was sie heute auch offiziell ist: ein Museum, in dem auch *Gottesdienste (Sa ab 16, So ab 10 Uhr)* abgehalten werden.

Versäume auf keinen Fall den Aufstieg auf die Kolonnade der Kathedrale: Aus 43 m Höhe bietet sie den besten Rundumblick über die Innenstadt. Direkt zu Füßen liegt dann der Isaaksplatz: In dessen Zentrum steht seit 1859 ein Reiterdenkmal für Zar Nikolaus I. Dem Bildhauer Peter Klodt gelang es, die 6 m hohe Skulptur so auszubalancieren, dass sie nur auf den Hinterbeinen des Pferdes steht. Jenseits der Blauen Brücke über die Moika erhebt sich der Mariinski-Palast (1839–44), heute Sitz des Stadtparlaments. *Do–Di 10.30–18 (250 Rbl), Mai–Sept. bis 22.30 Uhr (400 Rbl) | Isaaksplatz | 250 Rbl, dt. Audioguide 200 Rbl | Aufstieg auf die Kolonnade tgl. 10.30–18 (150 Rbl), Mai–Sept. auch bis 22.30 Uhr (400 Rbl) | cathedral.ru | Metro 5 Admiraltejskaja |* ⏱ *1h |* ▥ *G6*

🄩 PETROWSKAJA AQUATORIA 👥

Während sich Peter der Große auf der Newa beim Eissegeln vergnügt, brennt an der Strelka ein Lagerhaus. In Kronstadt bestaunt man eine doppelköpfige Ziege. In Peterhof drehen sich Paare bei einem festlich illuminierten Ball. Das alles gleichzeitig und nur wenige Meter voneinander entfernt: Mit viel Witz und Finesse zeigt das 500 m² große Modell im H0-Maßstab die Stadt im 18. Jh. 25 000 Mini-Petersburger gehen zeit- und standesgemäß gewandet ihrer Arbeit oder ihrem Müßiggang nach, manche Szenen lassen sich auch per Knopfdruck zum Leben erwecken. Von Magneten geführt drehen sogar Schiffe ihre Kreise, denn in dem Hightech-Modell schwappen 20 m³ echtes Wasser. *Tgl. 10–22 Uhr | Malaja Morskaja Uliza 4, 6. Stock | 450 Rbl | peteraqua.ru | Metro 5 Admiraltejskaja | ⏱ 1–2 h | 🗺 G6*

🔟 MARMORPALAST (MRAMORNY DWOREZ)

Katharina II. ließ diesen Palast für ihren Favoriten Graf Orlow bauen, der jedoch zwei Jahre vor der Fertigstellung 1785 in geistiger Umnachtung starb. Für die Ausgestaltung wurden 32 verschiedene Marmorsorten verwendet. Heute befindet sich dort eine Filiale des Russischen Museums, die einerseits Sonderausstellungen, andererseits eine 1995 vom Kölner Sammlerehepaar Ludwig gestiftete Kollektion moderner Kunst zeigt. *Mi, Fr–Mo 10–18, Do 13–21 Uhr | Millionaja Uliza 5 | 350 Rbl | rusmuseum.ru | Bus 46, 49, Tram 3 | ⏱ 1 h | 🗺 H5*

1️⃣1️⃣ SOMMERGARTEN (LETNI SAD) 🌳

Hier flanierten schon Generationen von Petersburgern auf Kiesalleen zwischen alten Bäumen, betrachteten klassische Skulpturen und plauschten auf schattigen Parkbänken. Derart erbaulich stellte sich auch Peter der Große diesen Park vor: Auf sein Geheiß wurden in Italien Büsten und allegorische Marmorskulpturen eingekauft. Um 1735 standen hier an die 200 Plastiken und plätscherten mehr als 30 Springbrunnen. Doch Hochwasser zerstörte viel von dieser Pracht. Auf der Nordseite des Gartens ist ein Gitter zu bewundern, das seit 1786 den Park zur Newa hin abgrenzt. Dieses Meisterwerk von Juri Velten verkörpert ideal die im Petersburger Stadtbild angestrebte architektonische Harmonie. Peters Datscha, der 1710–14 im Park errichtete *Sommerpalast*, war damals eine wahre Hightech-Residenz mit sechs WCs und einer Wetterstation auf dem Dach, die ihre Daten mechanisch auf den Schreibtisch des Zaren übertrug. Das außen schlichte, innen aber nobel ausgestaltete und frisch restaurierte Domizil ist nur im Rahmen von Führungen *(russ., max. 15 Pers., stdl. 11–16 Uhr, 350 Rbl)* zugänglich. *Mai–Sept. Mi–Mo 10–22, Okt.–März Mi–Mo 10–20 Uhr | zwischen Uliza Pestelja und Dworzowaja Nabereschnaja | Eintritt frei | rusmuseum.ru | Bus 46, 49 | Tram 3 | 🗺 J4–5*

STADTMITTE

Museen, Paläste, Fußgängerzonen und Kirchen – das Areal zwischen den Kanälen Moika und Fontanka verfügt über die Attribute der eigentlichen City.

Links und rechts des Newski Prospekt ballen sich die Sehenswürdigkeiten, und es herrscht ein intensives Geschäftsleben. Petersburg zeigt sich hier von seiner noblen Seite – architektonisch und beim Preisniveau von Läden und Gastronomie.

1️⃣2️⃣ GOSTINY DWOR ☂

Für viele Einheimische ist das Gostiny Dwor ein Synonym für das Zentrum der

Muss man entlanggeschlendert sein: Auf dem Newski Prospekt tobt das Stadtleben

Stadt: Was wörtlich übersetzt „Gästehof" heißt, waren ursprünglich Marktreihen, in denen reisende Händler Sektionen anmieteten, um ihre Ware verkaufen zu können. 1757–85 entstand das heutige zweistöckige Gebäude, das einen ganzen Straßenblock einnimmt. Mit seinen offenen Arkaden bot es auf zwei Ebenen 1 km überdachte Shoppinggalerie. Zu Leningrads größtem Kaufhaus (s. S. 92) vereint wurden die Läden erst in den 1950ern.

Dadurch verwaiste der Laubengang im Obergeschoss: Die endlos erscheinenden gelbweißen Arkaden sind fast menschenleer. *Tgl. 10–22 Uhr | Newski Prospekt 35 | Metro 2, 3 Newski Prospekt, Gostiny Dwor | ⏱ 2 h | ⧠ H6*

🔴 NEWSKI PROSPEKT ⭐ 🚩

Der 4,5 km lange Newski Prospekt bildet auf seiner ganzen Länge das pulsierende Zentrum Petersburgs – wobei der breitere Mittelabschnitt zwischen Moika und Moskauer Bahnhof der prächtigste und lebhafteste ist. Hier stehen Kaufhäuser und Ladenpassagen, hier ballen sich teure Hotels, Restaurants und Kinos. Das nachts üppig illuminierte Straßenbild ist makellos. Obwohl der starke Verkehr die Umweltqualität entlang des Boulevards spürbar mindert, gibt es viele Straßencafés – aber nur auf der sonnigen Nordseite.

Vier Metrostationen machen den Newski für Fußgänger bestens erreichbar. Wer beim Bummel über den langen Boulevard dennoch müde wird, kann in den nächsten Trolley- oder Omnibus steigen: Zwischen Admiralität und der Uliza Majakowskaja fahren alle Linien (außer der 17) 2,5 km geradeaus. Angelegt wurde der Newski ab 1712 als repräsentative Zufahrt auf die Admiralität von der

Fernstraße von Nowgorod zur Newa, die entlang des heutigen Ligowski Prospekts hereinkam. Das gleiche Anliegen hatten auch die Mönche des Alexander-Newski-Klosters, doch schlugen sie ihre Schneise auf etwas anderem Kurs durch den Wald. So kommt es, dass der Newski hinter dem Moskauer Bahnhof einen Knick hat. *G–M 6–8*

14 BANKBRÜCKE (BANKOWSKI MOST)

Der nur 20 m lange und keine 2 m breite Fußgängersteg ist die wohl originellste der mehr als 500 Brücken des „nördlichen Venedigs". Die 1825–26 errichtete Hängebrücke mit toller Perspektive auf die Auferstehungskirche wird von vier geflügelten Löwen getragen: Sie scheinen die Tragseile in den Mäulern zu halten, doch umhüllen ihre gusseisernen Körper nur die tragenden Eisengerüste. *Nabereschnaja kanala Gribojedowa 27/30 |*

Metro 2, 3 Newski Prospekt, Gostiny Dwor | H7

15 KASANER KATHEDRALE (KASANSKI SOBOR)

Mit ihrer halbrunden Kolonnade aus 96 Säulen ist die wichtigste russisch-orthodoxe Kirche der Stadt ein echter Blickfang am Newski. Wer sich dabei an den Petersdom in Rom erinnert fühlt, liegt so falsch nicht: Zar Paul I. wünschte sich für seine Hauptstadt etwas in ähnlicher Größe und Form. Weil in orthodoxen Kirchen der Altar aber immer im Osten platziert wird und der Haupteingang gegenüber im Westen liegt, flankiert der mächtige Säulengang nur eine kleine Seitenpforte. Der im Innern eher düstere Sakralbau wurde 1801–11 für eine als wundertätig gepriesene Kopie der „Ikone der Gottesmutter von Kasan" aus dem 16. Jh. errichtet. Sie hängt rechts in der zentralen Ikonostase.

Erinnert an den Petersdom in Rom: die Kasaner Kathedrale

Moyka River Embankment
набережная реки Мойки

17 Puschkin-Museum

реки Мойки

Moika

Minajlovskij
Sad

Michaelsburg

20

Fontanka River Embankment
набережная реки Фонтанки

21 Golizyn Loft

18

Christi-Auferstehungskirche ★

Castle Street
Замковая улица

Maple Street

Russisches Museum

19

Volynskiy L.
Волынский L.
переулок

Volhynsky River Embankment

Bolshaya Konyushennaya Street
Большая Конюшенная улица

Malaya Konyushennaya Ulitsa
Малая Конюшенная улица

Engineering street Инженерная улица

Michailowski-S.

Inzhenernaya Street
Инженернаяя у.

22

Zirkus Ciniselli

Кленовая улица
Maple Street

Embankment
Грибоедова

Italian Street

Italian Street
Итальянская

Mikhaylovskaya S.
Михайловская у.

Sadovaya Street Садовая улица

Fontanka

Петрикирхе **16**

улица

Karavannaya Street
Караванная улица

Kasaner Kathedrale **15**

Nevsky Prospect

13 **Newski Prospekt** ★

23

Fabergé-Museum

Kazanskaya Street
Казанская улица

Griboyedov Channel
набережная канала

Dumskaya Ulitsa
Думская улица

Perinnaya Liniya
Перинная линия

(V)

12

Gostiny Dwor

Невский проспект

24 Katharinendenkmal

Ostrovskogo Square

Островского

14

Bankbrücke

APRAKSIN DVOR
АПРАКСИН ДВОР

Садовая улица

Gorokhovaya Street
Гороховая улица

Griboyedov Canal

Muchnoy Pereulok
Мучной переулок

Sadovaya Street
Садовая улица

Voroninsky Proyezd
Воронинский проезд

Chernyshovsky Proyezd
Графский проезд

Lomonosov Street
улица Ломоносова

Rossi-Straße **25**

площадь

Z. Rossi Street
ул. Зодчего Росси

Fontanka River Embankment
набережная реки Фонтанки

250 m
273 yd

Am Grab des 1813 gestorbenen Feld-
marschalls Kutusow wurden eroberte
Stadtschlüssel aufgehängt, darunter
auch die von Bremen und Lübeck.
Hier herrscht – trotz vieler Touristen –
reges religiöses Leben: Mehrmals täglich wird Messe gefeiert, wie in Russland üblich im Stehen. Gläubige
beten versunken vor Ikonen, stellen
Kerzen auf oder zapfen geweihtes
Wasser aus einem Tank. *Gottesdienste
tgl. 10 und 18 Uhr | Newski Pros-
pekt 25–27 | Metro 2, 3 Newski Pros-
pekt, Gostiny Dwor |* ⏱ *0,5 h |* 📖 *H6*

16 PETRIKIRCHE
(ZERKOW SW. PETRA)

1833–38 baute die evangelisch-luthe-
rische Gemeinde eine Kirche im Stil
einer romanischen Basilika. In Sowjetzeiten wurde ein Schwimmbad ins
Kirchenschiff gesetzt – wo heute wieder der Altar steht, erhob sich ein
Zehn-Meter-Sprungturm. Eine Rekonstruktion des Urzustands in den
1990er-Jahren war aus Statikgründen
unmöglich, deshalb wurde das Becken nur mit einem neuen Fußboden
abgedeckt. Der Saal liegt darum heu-

te eine Etage höher, und statt der einstigen Emporen umgeben ihn die Sitzreihen des Schwimmbads. 2017 erhielt die Kirche wieder eine große Orgel. *Tgl. ca. 10–19 Uhr; So 10.30 Uhr Gottesdienst auf Deutsch | Newski Prospekt 22–24 | Metro 2, 3 Newski Prospekt, Gostiny Dwor |* ⏱ *0,5 h |* 🗺 *H6*

17 PUSCHKIN-MUSEUM (MUSEJ PUSCHKINA)

1836 zog Alexander Puschkin als gefeierter Dichterstar mit seiner Familie in eine Elfzimmermietwohnung an der Moika ein – und erlag hier nur viereinhalb Monate später nach einem Duell einem Bauchschuss. Die letzte Wohnung des vergötterten Genies wurde deshalb zum Museum. Im Arbeitszimmer stehen sein Originalschreibtisch und jenes Sofa, auf dem er starb. Ausgestellt werden auch Puschkin-Reliquien wie die Weste, die er beim Duell trug, seine Totenmaske und eine Locke. *Mi–Mo 10.30–18 Uhr, letzter Fr im Monat geschl. | Nabereschnaja reki Moiki 12 | 310 Rbl (inkl. dt. Audioguide) | museumpushkin.ru | Metro 2, 3 Newski Prospekt, Gostiny Dwor |* ⏱ *1 h |* 🗺 *H5*

18 CHRISTI-AUFERSTEHUNGS-KIRCHE (SPAS NA KROWI) ⭐

Diese bunte Zwiebelturmkirche fällt im Petersburger Stadtbild aus dem Rahmen: Sie wurde erst 1887–1907 im neo-altrussischen Stil errichtet. Anlass für den Bau war ein Anarchistenattentat auf Zar Alexander II., der hier 1881 durch eine Bombe getötet wurde. Im Innern wurde ein Baldachin über jener Stelle des Straßenpflasters

errichtet, wo der Zar tödlich verwundet wurde. Die Farborgie der Emaillekuppeln findet hier ihre Fortsetzung: Die Wände dieser riesigen Schmuckschatulle sind komplett mit Mosaiken ausgekleidet – insgesamt 7000 m^2! *Do–Di 10.30–18, Mai–Sept. bis 22.30 Uhr | Nabereschnaja kanala Gribojedowa 2 | 250 Rbl, nach 18 Uhr 400 Rbl, dt. Audioguide 200 Rbl | cathedral.ru | Metro 2, 3 Newski Prospekt, Gostiny Dwor |* ⏱ *0,5 h |* 🗺 *H5*

19 RUSSISCHES MUSEUM (GOSUDARSTWENNYJ RUSSKIJ MUSEJ) 🎭🚩

Hochdramatische Gemälde wie Iwan Aiwasowskis „Neunte Woge" oder die „Wolgatreidler" von Ilja Repin sind weltbekannt. Sie hängen in diesem großen Kunstmuseum, dessen Name Programm ist: Es ist ausschließlich auf russische Kunst spezialisiert – von uralten Ikonen bis zum sozialistischen Realismus. Deshalb finden sich hier auch Schlüsselwerke für den kunsthistorisch einschneidenden Übergang zur abstrakten Malerei, denn dabei waren russische Künstler wie Marc Chagall, Wassili Kandinsky und Kasimir Malewitsch wahre Schrittmacher. Das staatliche Museum hat auch umfangreiche Sammlungen von Werken in der Sowjetzeit verfemter Avantgardisten wie Wladimir Tatlin oder Pawel Filonow bewahrt – Kunstkenner können also auf eine wahre Entdeckungsreise gehen. Gegründet wurde das Museum 1895 von Zar Nikolaus II., der dazu den klassizistischen Michaelspalast umbauen ließ. Vom Interieur des 1819–25 von Carlo Rossi errichteten Schlosses blie-

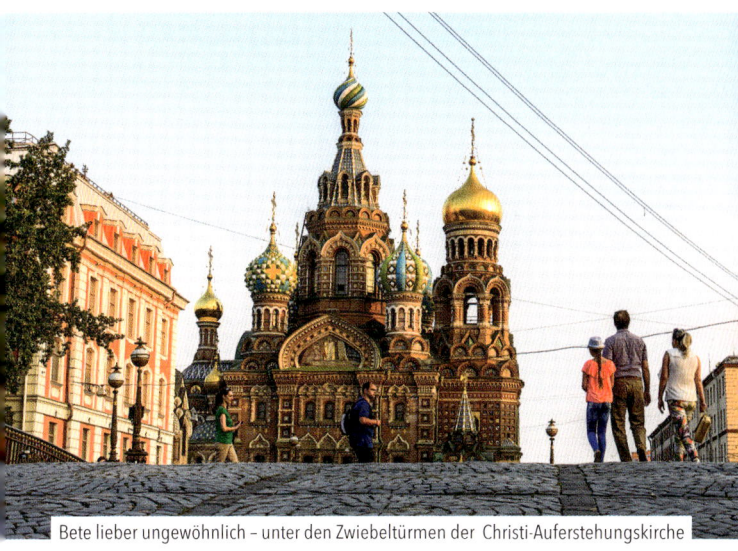

Bete lieber ungewöhnlich – unter den Zwiebeltürmen der Christi-Auferstehungskirche

ben dabei aber faktisch nur die Paradetreppe und der prächtig ausgestaltete Weiße Saal (Raum 11) übrig. Als Erweiterung wurde 1916 der „Benois-Flügel" errichtet, der am Kanal Gribojedowa über einen eigenen Eingang verfügt. Dort finden meist die Sonderausstellungen statt. Zum Museum gehört auch ❤ der frei zugängliche *Michaelsgarten, ein eleganter, kleiner Landschaftspark mitten in der Stadt.* Er liegt auf der Rückseite des Gebäudes. *Mi, Fr–So 10–18, Mo 10–20, Do 13–21 Uhr | Inschenernaja Uliza 4/Ploschtschad Iskusstw | 450 Rbl | rusmuseum.ru | Metro 2, 3 Newski Prospekt, Gostiny Dwor | ⌖ H–J6*

INSIDER-TIPP *Grünes Refugium*

19 MICHAELSBURG (MICHAILOWSKI SAMOK)

Der verschrobene Zar Paul I. ließ 1797–1800 an der Ecke der Kanäle Fontanka und Moika das ungewöhnlichste aller Petersburger Zarenschlösser errichten: eine Wasserburg, nur über Zugbrücken erreichbar. Der so herrschaftliche wie wehrhafte Bau war Ausdruck von Pauls Angst vor einer Verschwörung. Genutzt hat es wenig: Nur 40 Tage nach dem Einzug in seine Festung wurde der Zar in seinem Schlafzimmer von seiner Entourage ermordet. Heute erwarten die Besucher prächtige Interieurs sowie eine umfangreiche Porträtgalerie aus den Beständen des Russischen Museums. *Mi, Fr–Mo 10–18, Do 13–21 Uhr | Sadowaja Uliza 2 | 300 Rbl | rusmuseum. ru | Bus 46, 49 | Tram 3 | ⏱ 1 h | ⌖ J5*

20 GOLIZYN LOFT

Auch wenn es sich um ein romantisches Altstadtpalais von 1790 an der Fontanka handelt, wo beim Grafen Golizyn einst Puschkin ein- und ausging, der Clou ist die aktuelle Nutzung: 2016 sind etwa fünf Dutzend kreative Kleinbetriebe eingezogen – und bringen mächtig Leben in die alten Gemäuer rund um den eventtauglichen Innenhof.

Saniert wird nur, was unbedingt sein muss. Für wenig Geld kann man hier

Auf den Geschmack gekommen? Die gleichen Organisatoren betreiben auch kleinere Kreativzusammenschlüsse: *Zarchitektor (Bolschaja Konjuschennaja Uliza 9 | H5)* sowie *Tretij Klaster (8. Sowjetskaja Uliza 4 | L6)* und – gut

INSIDER-TIPP
Kreativ bleiben

Russische Frauenpower: das mächtige Katharinendenkmal

lecker essen, Originelles trinken, relaxen, feiern, palavern, tanzen, vapen oder wasserpfeifen, sich auf dem Balkon sonnen, übernachten, Kunst, Klamotten oder Accessoires kaufen, sich eine neue Frisur oder ein Tattoo zulegen – kurzum, intensiv in die bunte Szene des größten Petersburger Kreativ-Clusters eintauchen. Hingehen, schauen und hängen bleiben, wo es gefällt!

versteckt im zweiten Hinterhof – *Fligel (Uliza Wosstanija 24 | L6). Individuelle Öffnungszeiten, vor 12 Uhr tut sich wenig | Nabereschnaja reki Fontanki 20 | luna-info.ru/spaces | Tram 3, Bus 46,49 | ⊙ 1–2 h | J5*

21 ZIRKUS CINISELLI (ZIRK CINISELLI)

St. Petersburgs Zirkus ist alteingesessen – schon 1877 errichtete die Artistenfamilie Ciniselli den üppigen Rundbau mit Zarenloge am Fontanka-Ufer. Klassisches Repertoire aus Clowns, Artisten und Dressurnummern. *Vorstellungen Do–So | Nabereschnaja reki Fontanki 3 | 500–6000 Rbl | circus.spb.ru | Metro 2,3 Newski Prospekt, Gostiny Dwor | ⏱ 2,5 h | 🗺 J6*

🟥 FABERGÉ-MUSEUM (MUSEJ FABERSHE)

Für ca. 100 Mio. Dollar hat der Multimilliardär Viktor Wechselberg viele Arbeiten des russischen Hofjuweliers Carl Fabergé von den Erben des US-Medienmoguls Malcolm Forbes erworben. Unter den 4000 Exponaten der hochkarätigen Stiftung sind gleich elf jener berühmten „Überraschungseier", die die Zaren einst zu Ostern in der Familie verschenkten. Auch für das Museum im Schuwalow-Palais gilt: Inhalt wie Verpackung sind wahre Juwelen! *Sa–Do 10–20.45 Uhr | Nabereschnaja reki Fontanki 21 | 450 Rbl, Audioguide 150 Rbl | fabergemuseum.ru | Metro 3 Gostiny Dwor | ⏱ 1–2 h | 🗺 J6*

🟥 KATHARINENDENKMAL (PAMJATNIK JEKATERINE II.)

Das monumentale Denkmal für die „Große" Zarin Katharina II. wurde 1873 auf dem Platz vor dem Alexandrinski-Theater aufgestellt. Zu Füßen der mächtigen Herrscherin sitzt eine Herrenrunde aus Ratgebern und Favoriten wie Orlow, Potjomkin oder Suworow. Die von den Petersburgern *Katkin sad* (Katjas Gärtchen) genannte Anlage ist ein angenehmer Ort, um sich auf halber Länge des Newski Prospekts eine Verschnaufpause zu gönnen. *Ploschtschad Ostrowskogo | Metro 3 Gostiny Dwor | 🗺 J6*

🟥 ROSSI-STRASSE (ULIZA SODTSCHEGO ROSSI)

Der Italiener Carlo Rossi (1775–1849) prägte das Petersburger Stadtbild wie kein zweiter Baumeister. Die heute seinen Namen tragende Straße ist sein Meisterstück – dank vollendeter Proportionen und interessanter Zahlenmagie: Der Straßenraum ist 220 m lang, 22 m breit, und die beiden ihn flankierenden Gebäude mit ihrem Säulenstakkato sind 22 m hoch. Das ebenfalls von Rossi entworfene Alexandrinski-Theater schließt die Straße an einem Ende ab. *Zwischen Ploschtschad Ostrowskogo und Ploschtschad Lomonossowa | Metro 3 Gostiny Dwor | 🗺 J7*

MOSKAUER BAHNHOF

Jenseits der Fontanka stößt der Newski Prospekt in Altbauquartiere vor, die sich noch kilometerweit erstrecken.

Dreh- und Angelpunkt in diesem bunt gemischten Viertel ist der Moskauer Bahnhof, dessen Stationsgebäude im Stil der italienischen Renaissance gehalten ist. 1851 fuhr von hier der erste Zug nach Moskau. Vor dem Bahnhof liegt der *Platz des Aufstands (Ploschtschad Wosstanija)*, Petersburgs Picadilly Circus. Interessanter als dessen Verkehrslawinen ist jedoch das Areal um die Wladimir-Kirche, wo Petersburg längst keine Paradeuniform mehr trägt. Und am weitaus weniger malerischen Ligowski Prospekt gibt es spannende Oasen der heutigen Subkultur zu entdecken.

25 ANITSCHKOW-BRÜCKE (ANITSCHKOW MOST)

Diese Brücke des Newski Prospekts über die Fontanka wurde 1839–41 errichtet – und wegen der Skulpturen an ihren Ecken schnell zur Attraktion: Der allein wegen seiner Pferdefiguren berühmte Bildhauer Peter Klodt schuf das Ensemble der vier Pferdebändiger, die das Niederringen der Naturgewalten durch den Menschen symbolisieren. Schau genau hin: An den Sockeln sind Schrammen aus dem Zweiten Weltkrieg erhalten. *Metro 3 Gostiny Dwor, Majakowskaja | ᗩ J6*

26 WLADIMIR-KATHEDRALE (WLADIMIRSKI SOBOR)

Ein Besuch des Gotteshauses (1761–83) lohnt sich nicht nur wegen der den Baumeistern Bartolomeo Rastrelli und Giacomo Quarenghi zugeschriebenen hübschen Barockarchitektur: In dieser blitzblanken, doppelstöckigen Kirche ist das religiöse Leben immer in Gang. Junge wie alte Gläubige beten vor den vielen goldenen Ikonen, riesige Kerzenleuchter knistern vor sich hin, aus einem Blechtank wird „Heiliges Wasser" ausgeschenkt, und an einem Kiosk verkauft man Kerzen, Ikonen, Anhänger und Broschüren und bietet an, Verstorbene im Gebet des Priesters zu erwähnen. *Gottesdienste tgl. 9 und 18 Uhr, Liturgie So 7 und 10 Uhr | Wladimirski Prospekt 20 |*

Metro 1, 4 Wladimirskaja, Dostojewskaja | ⏱ 0,5 h | ᗩ K7

27 DOSTOJEWSKI-MUSEUM (MUSEJ DOSTOJEWSKOGO)

Der große russische Schriftsteller Fjodor Dostojewski wohnte die letzten drei Jahre vor seinem Tod 1881 in einem Eckhaus neben dem Kusnetschny-Markt an der Wladimir-Kirche. Die Sechszimmerwohnung, die er bezogen hatte, ist heute zu einem

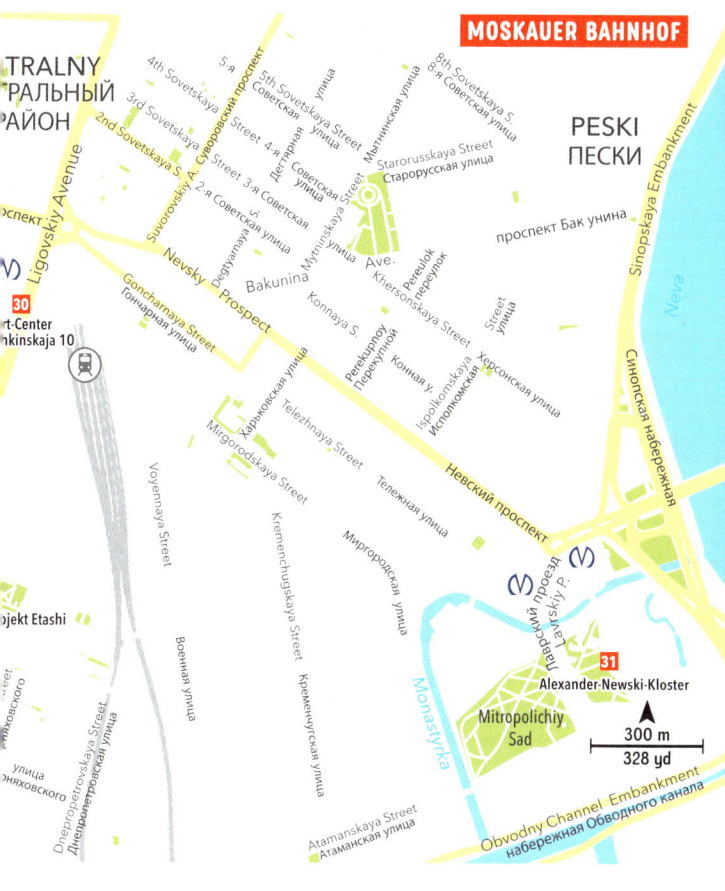

MOSKAUER BAHNHOF

Gedenkmuseum umgestaltet. Das detailgenau rekonstruierte Arbeitszimmer, in dem er die „Brüder Karamasow", seinen letzten Roman, verfasste, wartet so etwa mit den Schreibutensilien des weltberühmten Autors auf. Angeschlossen an die Gedenkstätte sind ein kleines Theater und eine modern gemachte Ausstellung über Leben, Zeit und Werk Dostojewskis. *Di, Do–So 11–18, Mi 13–20 Uhr | Kusnetschny Pereu-lok 5 | 250 Rbl | md.spb.ru | Metro 1, 4 Wladimirskaja, Dostojewskaja |* ⊙ *1–2 h |* ▥ *K7*

28 LOFT PROJEKT ETASHI

Betont jugendlich geht es in diesem 2007 in einer ehemaligen Brotfabrik eingerichteten lässigen Szenetreff zu. Über fünf Stockwerke eines Hinterhauses verteilen sich jede Menge unterschiedlicher Projekte: Boutiquen, Ausstellungsräume und alternativ angehauchte Gastronomie (ein Restaurant mit Dachterrasse). Ob Kunstfestivals, Filmvorführungen oder Flohmarkt – hier ist fast jeden Tag etwas anderes los. Dutzende kreative Mikro-Shops und Streetfood-Stände animieren zum Bummeln, Stöbern und Shoppen – nicht nur im Hauptgebäude, sondern auch in der aus alten Frachtcontainern gebauten Ladenzeile im Hinterhof. Der

INSIDER-TIPP
Das Party-Flachdach

Clou ist die rund um die Uhr geöffnete Dachlandschaft mit toller Aussicht und Open-Air-Bühne *(Zugang 100 Rbl)*: unbedingt Drinks und Snacks zum Sundowner-Picknick einpacken! *Ligowski Prospekt 74 | loft projectetagi.ru | Metro 4 Ligowski Prospekt | ◔ 2 h | ▭ K8*

㉙ ART-CENTER PUSCHKINSKAJA 10 ⚑
1989 besetzten (Lebens-)Künstler aus Petersburg ein leerstehendes Haus an der Puschkinskaja-Straße. Die Immobilie ist inzwischen zwar teuer saniert, aber die Kulturkommune erkämpfte von der Stadt das Bleiberecht in mehreren Hinterhausflügeln. In etwa 40 Wohnungen arbeiten und leben dort Künstler, Musiker, Galeristen und Verleger – ein in der Stadt einmaliger Brennpunkt der modernen Kunstszene. Rund 20 Galerien, Studios und Ateliers können besucht werden, darunter das *Museum für nonkonformistische Kunst,* der *John-Lennon-Tempel (nur Fr 18–20 Uhr),* die *Experimentelle Galerie 2,04* oder die *Mikro-Galerie Dwer,* die, wie der Name andeutet, nur aus einer Tür

mit Spion besteht – ohne einen Raum dahinter. Daneben gibt es den Musik-Szeneclub *Fish Fabrique* (s. S. 105) und, ganz hinten oben unterm Dach gut versteckt, ein kleines Art-Café als Ergänzung des Geräuschmuseums.. *Mi–Fr 16–20, Sa, So 12–20 Uhr | Zugang nur über Ligowski Prospekt 53 | 250 Rbl | p-10.ru | Metro 1 Ploschtschad Wosstanija | ◔ 2 h | ▭ L7*

◼ALEXANDER-NEWSKI-KLOSTER (ALEXANDRO-NEWSKAJA LAWRA) ⚑
Die große Klosteranlage am Ende des Newski Prospekts hat für die russisch-orthodoxe Kirche besondere Bedeutung: Als eines von nur fünf Klöstern trägt sie den Ehrentitel „Lawra". Gegründet wurde das Kloster 1710 auf Weisung von Peter I. – angeblich an jener Stelle, wo Fürst Alexander Newski 1240 die Schweden geschlagen hatte. Dies war zwar etwa 20 km newaaufwärts geschehen, aber Peter verschaffte seiner Stadt so nicht nur historische Kontinuität, sondern auch eine Pilgerstätte und obendrein einen Schutzheiligen: 1724 wurden die Gebeine Newskis aus Wladimir nach Petersburg überführt – der silberne Reliquienschrein steht in der Hauptkirche des Klosters, der 1776–90 errichteten Dreifaltigkeitskathedrale.

Das Kloster ist vor allem durch seine beiden Friedhöfe berühmt: Wer vom Alexander-Newski-Platz (mit einem 2002 aufgestellten Reiterdenkmal) zum Kloster geht, läuft zunächst durch eine Gasse zwischen zwei Mauern. Dahinter liegen links der Lazarus-Friedhof aus dem 18. Jh. und rechts der als

Wo Heilige und Künstler zur letzten Ruhe gebettet wurden: Alexander-Newski-Kloster

Künstlerfriedhof bekannte Tichwin-Friedhof. Ersterer ist ein wildes Gewirr von mehr als tausend dicht an dicht stehenden Grabsteinen. Der im 19. Jh. angelegte Tichwin-Friedhof wurde hingegen in den 1930er-Jahren umgestaltet, um hier die Gräber von herausragenden Literaten, Musikern und Wissenschaftlern würdig zu präsentieren: Unter den 180 Grabstätten sind jene des Schriftstellers Dostojewski und der Komponisten Strawinski, Mussorgski, Tschaikowski, Borodin und Rimski-Korsakow zu finden. Übrigens: **Die kleine Klosterbäckerei (Sa–Mi ab 10 Uhr, solange Vorrat reicht) ist wegen ihres sündhaft leckeren Brots und Gebäcks auf ihre Weise auch eine Pilgerstätte –** am Kanalufer vor dem Haupttor rechts abbiegen. Oder einfach dem unwiderstehlichen Duft folgen! *Kloster tgl. 6–23, Kathedrale 6–20 Uhr | Spende erbeten | Museumsfriedhöfe 9.30–18 Uhr, Tichwin-Friedhof Fr–Mi bis 21 Uhr | je 200 Rbl | gmgs.ru | Metro 3, 4 Ploschtschad Alexandra Newskogo |* ⏱ *1 h |* ▭ *N8*

PETROGRA-DER SEITE

Die Newa-Insel nördlich des Stadtzentrums liegt sehr zentral, ist aber nicht so trubelig wie die Straßen rund um den Newski Prospekt.

Auf der Petrograder Seite, übrigens oft P. S. abgekürzt, finden sich großzügige Prospekte neben den einzigen verwinkelten Straßenzügen der Stadt. Gleich nach der Stadtgründung war neben der Festungsbaustelle noch ohne Plan das erste Stadtzentrum herangewachsen. Doch dann verlagerte sich das Geschehen auf die andere Newa-Seite, und der isolierte Stadtteil fiel in einen Dornröschenschlaf. Anfang des 20. Jhs. erwachte er dann mit dem Bau der Dreifaltigkeitsbrücke umso stürmischer zu neuem Leben: Ein Bauboom bescherte dem Viertel viele noble Jugendstilhäuser.

30 ARTILLERIEMUSEUM (MUSEJ ARTILLERII)

Gute Adresse für Freunde von Waffentechnik und Sowjetnostalgie: Die Sammlung von Geschützen und Kettenfahrzeugen im Hof (☎ *Eintritt frei*) findet im Innern ihre Fortsetzung. Ritterlich-romantisch wirkt dagegen der Saal, in dem der Übergang von Lanze und Schwert zu den ersten Feuerwaffen dokumentiert wird. Das riesige Militärmuseum wurde 1869 im Kronwerk einquartiert, einem Munitionsmagazin auf den Bastionen, die die Peter-Paul-Festung auf der Landseite abschirmten. *Mi–So 11–18 Uhr, letzter Do im Monat geschl.* | *Kronwerkskaja Nabereschnaja* | *400 Rbl* | *artillery-museum.ru* | *Metro 2 Gorkowskaja* | 🗺 *G3*

31 PETER-PAUL-FESTUNG (PETRO-PAWLOWSKAJA KREPOST) ★ ☎

Die Festung auf der nur 850 m langen Haseninsel ist die Keimzelle St. Petersburgs. Gedacht war die Zitadelle zum Schutz der Newa-Mündung vor den Schweden – doch musste sie sich nie eines Angriffs erwehren. Deshalb diente sie bald mehr als Gefängnis und als Familienfriedhof der Romanow-Dynastie. Heute ist die Festung

STREIFZÜGE DURCH DIE STADT

Intensiver als bei einem auf Englisch geführten Stadtrundgang mit *Peterswalk* kann man die Stadt nicht kennenlernen. Peter Kosyrew und sein Team, perfekte Kenner von Hinterhöfen und geheimnisvollen Winkeln, bieten vierstündige Spaziergänge auf einer gemeinsam abgestimmten Route an *(April–Okt. tgl. 10.30 Uhr | 1550 Rbl pro Person | Tel. 812 9 43 12 29 | peterswalk.com)*. Treffpunkt ist *Julia Child Bistro (Grashdanskaja Uliza 27 | 🗺 G7)*. Außerdem kann man hier per E-Mail Themenspaziergänge (Food Tour, Revolution 1917, Blockade, Plattenbauten u. a.) oder deutsche Stadtführungen *(1–8 Pers. | ca. 11 000 Rbl)* bestellen. Geführte Radtouren gibt es ebenfalls: Wer sich von Mitte Mai bis Ende Sept. Sa oder So bis 11 Uhr im *Berthold Centre (Grashdanskaja Uliza 13–15 | 🗺 G7)* einfindet, erhält für 2850 Rbl Klapprad und Helm – und folgt einem 3,5-Stunden-Rundkurs durch die City (Russisch und Englisch), auch als 🚩 Weiße-Nächte-Tour *(Juni–Aug., Di u. Do 22.30 Uhr)*.

39 Kamenoostrowski Prospekt

PETROGRADSKAYA
ПЕТРОГРАДСКАЯ
СТОРОНА

38 Moschee

37 Museum für politische Geschichte

36 Aurora

32 Artilleriemuseum

35 Häuschen Peters des Großen

Leningrad Zoo

33 Peter-Paul-Festung ★

300 m
328 yd

34 Dreifaltigkeitsbrücke

Summer Garden

---

ein ruhiger Museumskomplex und faktisch die größte Fußgängerzone der Stadt.

Das wichtigste Bauwerk ist die *Peter-Paul-Kathedrale (450 Rbl.)*. 1712 begann der Tessiner Baumeister Domenico Trezzini mit dem Bau eines Gotteshauses, das als weithin sichtbares Symbol für Russlands aufstrebende Macht dienen sollte: Sein Barockstil war für das Land völlig neu und westlich-modern und die heute 122,5 m hohe Turmnadel mit einer Engelsfigur auf der Spitze beeindruckte die Zeit-

genossen. Der Turm – und das darin nach flämischem Vorbild installierte hochaufwendige Musikinstrument, ein Carillon – kann bei einer spannenden *Führung (Do–Di, Mai–Sept. | 150 Rbl.)*, die allerdings nur auf Russisch angeboten wird, erkundet werden. Die Kathedrale wurde zur neuen Grablege der Zarenfamilie bestimmt: Im von einer prächtigen vergoldeten Ikonenwand beherrschten Kirchensaal sind fast alle russischen Monarchen bestattet. Die Gräber der beiden „großen" Zaren, Peter I. und Katharina II., befinden sich rechts vorne. Was wie Sarkophage aussieht, sind Grabaufsätze aus Carraramarmor: Die Särge befinden sich in Grüften 2,5 m tiefer. Um 1900 baute man eine Grabkapelle für Großfürsten an. Die 1918 in Jekaterinburg erschossene Familie des letzten Zaren Nikolaus II. wurde genau 80 Jahre später in einer Seitenkapelle rechts vom Eingang beigesetzt. Frische Blumen zeigen, wie populär manche Zaren noch heute sind.

Alle anderen Sehenswürdigkeiten erschließt ein Rundgang: Wer von der Metrostation Gorkowskaja kommt, erreicht die Festungsinsel über die Johannes-Brücke. Das erste Tor führt in einen Vorhof. Links befindet sich die zentrale Kassenhalle, rechts ein kleines, frisch renoviertes *Raumfahrtmuseum (150 Rbl)*. Die eigentliche Festung betritt man dann durch das *Peter-Tor*. Es wurde 1718 von Domenico Trezzini errichtet. Das Relief über dem mächtigen Zarenadler zeigt den „Sturz des Simon durch den Apostel Petrus". Einer der Soldaten rechts trägt die Gesichtszüge des Zaren.

Hinter dem Tor links ist der Aufgang zu einem 350 m langen Aussichtssteg *(Mai–Sept. tgl. 10–20, Okt.–April tgl. 11–18 Uhr | 300 Rbl)* auf der Krone der Festungsmauer. Von dort bietet sich ein wunderbarer Panoramablick auf die Newa und das Stadtzentrum. Am Ende dieses Wegs siehst du auf der von einem Flaggenturm gekrönten Naryschkin-Bastion Kanonen. Hier wird aus alter Tradition jeden Tag Punkt 12 Uhr ein weithin hörbarer Signalschuss abgefeuert. Wer sich den Aussichtssteg spart, sollte eine Etage

tiefer durchs Newa-Tor auf den Schiffsanleger hinaustreten: Zum Stadtpanorama gesellt sich der Anblick der Sonnenanbeter, die – auch im Winter! – links an der dunklen Festungsmauer Wärme- und UV-Strahlen absorbieren. Links vom Weg zur Kathedrale steht das Kommandantenhaus mit dem Museum ☂ *Die Geschichte Petersburgs-Petrograds 1703–1918 (200 Rbl)*. Je weiter man durch die Zeit und die 28 Säle vordringt, umso schöner wird die Präsentation der Exponate: Jeder Raum behandelt ein Thema: Armee, Schifffahrt, Industrialisierung, die Geschäfte am Newski Prospekt oder Küche und Badezimmer zu Anfang des 20. Jhs. 👫 Wegen seiner interaktiven Angebote ist dieses Museum auch für Kinder spannend.

Daneben stößt man auf das 1991 errichtete Denkmal des Bildhauers Michail Schemjakin für Peter I. Es ist ganz anders als die sonstigen heroischen Zarenmonumente und deshalb bis heute umstritten: Der Leib ist riesig, der Kopf klein, die Finger lang, die Füße groß – was alles als Allegorie auf den russischen Staat und seine Beherrscher gedeutet werden kann. Seit Peters Zeiten arbeitet in der Festung eine staatliche Münzanstalt. 2016 eröffnete sie in der Golowkin-Bastion das schnieke *Russische Geld-Museum (Fr–Mi 10–20 Uhr | 200 Rbl | museum.goznak.ru)*. Es ist vorbildlich interaktiv: Wo darf man schon eine Fünf-Kilo-Goldmünze in die Hand nehmen? In die *Trubezkoi-Bastion (200 Rbl)* wurde 1870–72 ein „modernes" Gefängnis für politi-

INSIDER-TIPP
Wie Geld gemacht wird

Über die Johannestor-Brücke geht es auf die Haseninsel und in die Peter-Paul-Festung

sche Top-Häftlinge integriert. Hier schmorten in Einzelzellen unbequeme Geister wie Lenins Bruder Alexander Uljanow, Maxim Gorki oder Leo Trotzki.

Zum Schluss lohnt sich ein Abstecher auf die westliche Inselspitze – wegen des perfekten Ausblicks auf Strelka, Isaakskathedrale, Admiralität und Winterpalast. Genießen kann man ihn auch durch die großen Fenster des leger-schicken Restaurants *Korjuschka* (tgl. 12–1 Uhr | Tel. 812 9 17 90 10 | en.ginza.ru/spb). Insel tgl. 6–22; Festung 9.30–21 Uhr frei zugänglich; Gefängnis tgl. 10–19 Uhr; Kathedrale Mo–Fr 10–19, Sa bis 17.45, So ab 11 Uhr; alle anderen Museen Do–Di 11–18 Uhr | spbmuseum.ru | Metro 2 Gorkowskaja | ⏱ 3 h | 🗺 G–H4

INSIDER-TIPP
Postkarten-panorama zum Essen

32 DREIFALTIGKEITSBRÜCKE (TROIZKI MOST)

Die Lampen, das Geländer und die Oberleitungsmasten von St. Petersburgs elegantester Newa-Brücke (1903) zeigen Jugendstileinflüsse. Von der 580 m langen Brücke bietet sich ein wunderbarer Ausblick auf das Herz der Stadt: die weite Wasserfläche der Newa, umrahmt von Festung, Strelka und den Palästen am Schlossufer. *April–Nov. tgl. 1.20–4.50 Uhr hochgeklappt | zwischen Troizkaja Ploschtschad und Ploschtschad Suworowa | Metro 2 Gorkowskaja |* 🗺 *H4*

33 HÄUSCHEN PETERS DES GROSSEN (DOMIK PETRA PERWOGO)

Nur vier Tage brauchte man im Mai 1703, um nahe der Festungsbaustelle für Peter I. ein Blockhaus zu errichten. Der Zar lebte hier zwar nur einige Wo-

chen, aber als erstes Gebäude der neu-
en Hauptstadt kam es dennoch zu Eh-
ren: 20 Jahre später ordnete Peter an,
über seinem Domizil ein Schutzdach
zu errichten, um es der Nachwelt zu
bewahren. 1844 entstand ein Ziegel-
gebäude, das bis heute die Hütte wie
eine Matrioschka umschließt. Durch
die Fenster kann man in Petersburgs
„Ersten Palast" (so der alte offizielle
Name) hineinsehen: Mehr als ein Ess-
zimmer, ein Kabinett sowie eine winzi-

34 AURORA (KREJSER AVRORA)

Mit einem Blindschuss aus der Bugka-
none des Panzerkreuzers wurde am 25.
Oktober 1917 das Signal zum Sturm
auf den Winterpalast gegeben –
womit die Oktoberrevolution begann.
An Bord des Schiffes ist zwar nur von
einem Böller zur Prüfung der Wach-
samkeit die Rede. Aber die Legende
war stärker, das 1900 vom Stapel ge-
laufene Kriegsschiff wurde zur Revolu-
tionsikone – und blieb nur deshalb,

Symbol für die religiöse Toleranz der Zaren: die Petersburger Moschee

ge Schlafkammer brauchte der zum
Understatement nei-
gende Zar nicht. Den
Schreibtischstuhl hat
er sich als begeisterter
Handwerker übrigens
selbst geschreinert. *Mi, Fr–Mo 10–18,
Do 13–21 Uhr | Petrowskaja Nabe-
reschnaja 6 | 200 Rbl | rusmuseum.ru |
Metro 2 Gorkowskaja |* ⏱ *0,5 h |* 🗺 *H3*

INSIDER-TIPP
**Peters Do-it-
yourself-
Möbel**

immer schön blitzblank poliert, der
Nachwelt erhalten.
Im Innern des schwimmenden Monu-
ments gibt es eine Ausstellung über
die Geschichte des Schiffes und der
russischen Flotte. *Mi–So 11–18 Uhr |
Petrogradskaja Nabereschnaja, ggü.
Haus 2 | 700 Rbl | navalmuseum.ru |
Metro 2 Gorkowskaja; Tram 3, 6; Bus
49 |* ⏱ *1–2 h |* 🗺 *J3*

35 MUSEUM FÜR POLITISCHE GESCHICHTE (MUSEJ POLITITSCHESKOI ISTORII)

Einst hieß es „Museum der Großen Sozialistischen Oktoberrevolution". Heute versucht man hier, auf durchaus zeitgemäße Art, Politik und Alltag in der Zaren- und Sowjetzeit zu beleuchten. Untergebracht ist das Museum in zwei prächtigen Jugendstilvillen, die in den 1950er-Jahren miteinander verbunden wurden. Vor allem das von 1904 bis 1906 errichtete Eckhaus ist sehenswert: Hier residierte die vergötterte Mariinski-Primaballerina Matilda Kschessinskaja, die Geliebte des späteren letzten Zaren Nikolaus II. In ihrer Villa nistete sich 1917 der Revolutionsstab der Kommunisten ein. Lenins Arbeitszimmer ist aus diesem Grund ein ewiges Exponat der gut gemachten Ausstellung zu den dramatischen Revolutions- und Bürgerkriegsjahren 1917–1922. *Mi, Fr 10–20, Sa–Di 10–18 Uhr, letzter Mo im Monat geschl. | Kronverkski Prospekt 1 | 200 Rbl | polithistory.ru | Metro 2 Gorkowskaja |* ⏱ *1–2 h |* 🗺 *H3*

36 MOSCHEE (METSCHET)

Ein Symbol für die religiöse Toleranz des Zarenreiches ist die von 1910 bis 1914 nahe der Festung errichtete Moschee – damals die größte Europas. Die Architekten verbanden dabei Elemente des mittelalterlichen Gur-Emir-Mausoleums in Samarkand mit Jugendstilmotiven. Sehenswert ist vor allem das mit kunstvollen blauen Majolika-Kacheln ausgekleidete Hauptportal. Freitags von 12 bis 15 Uhr versammeln sich hier viele Moslems. Außerhalb der Gebetszeiten darf man einen Blick ins schlichte Innere werfen – die Schuhe dürfen an bleiben, aber kurze Hosen und Röcke sind tabu, Frauen brauchen ein Kopftuch. *Kronwerkski Prospekt 7 | Metro 2 Gorkowskaja |* ⏱ *0,5 h |* 🗺 *H3*

37 KAMENOOSTROWSKI PROSPEKT

Die Ausfallstraße in Richtung Norden zeugt von dem Bauboom, der 1903 nach Eröffnung der Troizki-Brücke auf der Petrograder Seite einsetzte, um dann mit dem Ersten Weltkrieg jäh abzubrechen. Nördlicher Jugendstil sowie Neoklassizismus waren damals modern – und wohlhabende Künstler, Politiker und Unternehmer zogen gerne in die hellen und originell gestalteten komfortablen Wohnhäuser um. Besonders schön ist der *Österreichische Platz (Awstrijskaja Ploschtschad)*: Drei der vier Eckhäuser (Nr. 13, 16, 20), die hier stehen, wurden in feinstem Jugendstil zwischen 1902 und 1906 von Wassili Schaub errichtet. *Metro 2 Gorkowskaja, Petrogradskaja; Bus 46 |* 🗺 *G–H 1–3*

WASSILI-INSEL

Der attraktivste Abschnitt des Stadtteils Wassiljewski Ostrow ist das an historischen Bauten besonders reiche Dreieck hinter der Inselspitze Strelka.

Hier lag einmal Russlands Verwaltungs- und Wissenschaftszentrum.

Dahinter beginnen die Linien: Drei parallel verlaufende Hauptstraßen – der Große, Mittlere und Kleine Prospekt – sind in regelmäßigen Abständen durch durchnummerierte Querstraßen verbunden. Ist es das strenge Straßenmuster oder die Vergangenheit als Handwerkerquartier, in dem auch viele Deutsche siedelten: Noch heute scheint die Insel einen gemesseneren Lebensrhythmus als der Rest der Stadt einzuhalten. Westlich der 24. Linie beginnt eine Mischzone aus Gewerbe, Neubauvierteln und alten Friedhöfen. Und jenseits der neuen Stadtautobahn entsteht auf dem Meer abgerungenem Neuland gerade ein weiterer Stadtteil.

38 STRELKA ★ ⚑

Der Name Strelka (russ.: Pfeil) steht nicht unbedingt im Stadtplan. Offiziell heißt das elegante Areal an der Spitze der Wassili-Insel Börsenplatz. Von hier aus gesehen gruppieren sich die goldenen Turmnadeln von Admiralität und Peter-Paul-Kathedrale, die Kuppel der Isaakskathedrale, der Winterpalast und drei Klappbrücken um die weite Wasserfläche der Newa und bilden so ein festlich gerahmtes, einzigartiges Stadtpanorama. An dieser Newa-Gabelung befand sich von etwa 1730 bis 1880 der Petersburger Hafen mit Kais, Zoll, Packhäusern und einem Markt für Importgüter. Handel und Schifffahrt wurden auch bei der architektonischen Gestaltung zu den beherrschenden Elementen: 1810 wurden von Thomas de Thomon die beiden rostroten Rostrasäulen errichtet. Einerseits trugen sie Leuchtfeuer (heute befinden sich dort Gasfackeln, die nur an Feiertagen entzündet werden), andererseits handelt es sich um maritime Denkmäler: Zu ihren Füßen sitzen allegorische Figu-

Berühmter Foto-Spot und ein Panoramablick zum Niederknien: Strelka

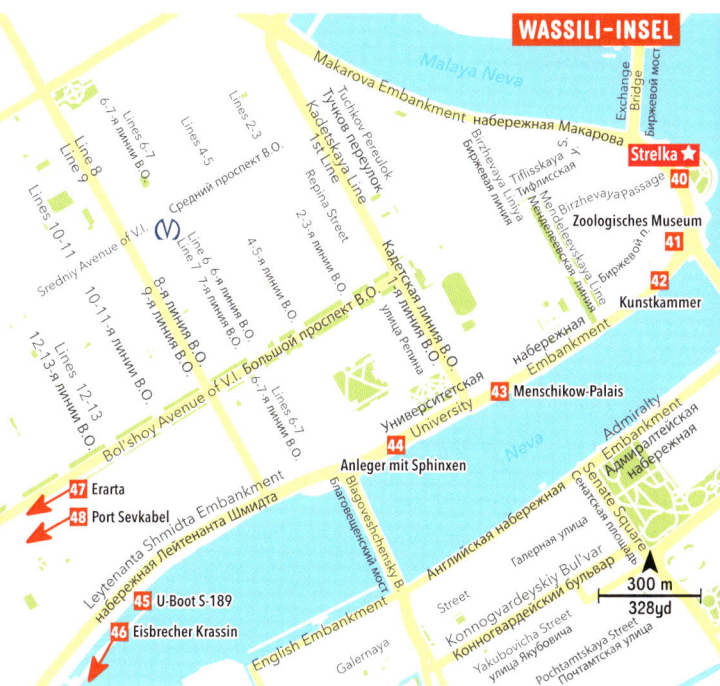

WASSILI-INSEL

Makarova Embankment
Malaya Neva
набережная Макарова

Exchange Bridge
Биржевой мост

Tuchkov Pereulok
Тучков переулок
Makarova Embankment

Lines 6-7
6-7 линия В.О.

Lines 2-3
2-3 линия В.О.

Repina Street

Kadetskaya Line
Kadetskaya Line
Kadetckaya Line

1st Line
1-я линия В.О.

Birschewaja Linija
Биржевая линия

Strelka ★ **40**

Birzhevaya Passage

Zoologisches Museum **41**

Mendelejevskaja Linija
Менделеевская линия

Tiflisskaya S.
Тифлисская ул.

42
Kunstkammer

Line 8
Линия 8

Line 9
Линия 9

Sredni prospekt B.O.
Средний проспект В.О.

Line 6   Line 7
6-я линия   7-я линия В.О.
8-я линия В.О.

Repina Street
2-3-я линия В.О.

4-5-я линия В.О.

Birzhevaya Line
Биржевая л.

Srednjy Avenue of V.I.
Srednij Avenue of V.I.

10-11-я линия В.О.
9-я линия В.О.

Kadetskaja linija B.O.
Кадетская линия В.О.
3-я линия В.О.

набережная
Embankment

Lines 10-11
10-11-я линии В.О.

Lines 12-13
12-13-я линии В.О.

Bol'shoy Avenue of V.I. большой проспект В.О.

6-7-я линия В.О.

улица Репина

43 Menschikow-Palais

Lines 12-13
12-13-я линии В.О.

Lines 6-7
6-7-я линии В.О.

Universitetskaya
Университетская
University

44
Anleger mit Sphinxen

Neva

Admiralty Embankment
Адмиралтейская набережная

47 Erarta

48 Port Sevkabel

Leytenanta Shmidta Embankment
набережная Лейтенанта Шмидта

Blagoweschtschensky B.
Благовещенский мост

Senate Square
Сенатская площадь

Senate Square
Сенатская площадь

English Embankment
Английская набережная

45 U-Boot S-189

46 Eisbrecher Krassin

English Embankment
Galernaya
Galernaya

Galernaya ulitsa
Галерная улица

Konnogvardeyskiy Bul'var
Конногвардейский бульвар

Yakubovicha Street
улица Якубовича

Pochtamtskaya Street
Почтамтская улица

Kononov Street

300 m
328yd

---

ren der Flüsse Wolga, Dnjepr, Newa und Wolchow. Aus den Flanken ragen Schiffsschnäbel (lat.: Rostrum). Zentrum von Thomons Ensemble ist der tempelartige Bau der Börse (1805–10). Hier wird die Eremitage in Zukunft ihre riesige Sammlung an Flaggen und Orden präsentieren. Doch zunächst bräuchte er eine grundlegende Sanierung, Termine dafür gibt es noch nicht.

INSIDER-TIPP
Tango auf Asphalt

👁‍🗨 Du liebst Tango oder Salsa? An schönen Sommerabenden (Fr–So) verwandeln sich Teile des Platzes dank einiger aktiver Tanzschulen in einen Open-Air-Tanzpalast. Birschewaja Ploschtschad | Trolleybus 7 | Bus 10, 191 | 🗺 G5

39 ZOOLOGISCHES MUSEUM (SOOLOGITSCHESKI MUSEJ) 🐾

Das Museum hat zwei Zielgruppen: Kinder und Biologie-Experten. Erstere freuen sich an der enormen Vielfalt der auf 6000 m² Fläche ausgestellten Tierwelten. Fachleute schätzen das Museum wegen seiner einzigartigen Mammutkollektion: Nicht nur Skelette wie anderswo, sondern auch drei im sibirischen Permafrost fast komplett erhalten gebliebene Mumien der prähistorischen Dickhäuter gibt es hier. *Mi–Mo 11–18 Uhr außer letzter Mi im Monat | Universitetskaja Nabereschnaja 1 | 250 Rbl, Kinder 150 Rbl | zin.ru | Trolleybus 1, 7 10, 11; Bus 7, 10, 24, 191 |* ⏱ *1–2 h |* 🗺 *F5*

40 KUNSTKAMMER (KUNSTKAMERA)

In dem Bau von 1734 nahmen die Räume des ersten Museums Russlands einen Flügel ein, die erste wissenschaftliche Bibliothek des Landes den anderen. In der Mitte unter dem Turm befand sich ein Anatomiesaal, darüber ein astronomisches Observatorium. Heute beherbergt das Gebäude das *Museum für Anthropologie und Ethnografie*, das zahlreiche Exponate des Raritätenkabinetts von Peter I. geerbt hat – darunter auch die schwer auf den Magen schlagende Kollektion von in Alkohol eingelegten Föten mit Fehlbildungen. Ansonsten handelt es sich um ein etwas muffig-antiquiertes, aber doch umfangreiches Museum der Weltkulturen. *Di–So 11–18, letzter Di des Monats geschl. | Universitetskaja Nabereschnaja 3 | 300 Rbl | kunstkamera.ru | Trolleybus 1, 7, 10, 11; Bus 7, 10, 24, 191 | ⏱ 1,5 h | 🗺 F5*

41 MENSCHIKOW-PALAIS (DWOREZ MENSCHIKOWA)

Das 1710–14 erbaute Anwesen des ersten Generalgouverneurs der Stadt, Alexander Menschikow, spielte in der Ära Peters des Großen eine Schlüsselrolle: Unter den wenigen ersten Steingebäuden war dies das prächtigste und größte, weitaus repräsentativer als die Behausungen des Zaren. Deshalb wurden hier hohe Gäste empfangen, Siege und Saufgelage – Peters berühmt-berüchtigte „Assembleen" – gefeiert. Menschikow hatte seine Stellung als engster Freund des Zaren für die Karriere genutzt – und zur schamlosen Bereicherung. 1727 wurde Menschikow verbannt, sein Vermögen eingezogen. Auf diese Weise gelangte ein Teil der luxuriösen Innenausstattung in die Eremitage, die gut 250 Jahre später hier eine Filiale einrichtete, wo man gut den Lebensstil der oberen Zehntausend der damals jungen Hauptstadt studieren kann. *Di–So 10.30–18, Mi, Fr bis 21 Uhr | Universitetskaja Nabereschnaja 15 | 300 Rbl | hermitage.ru | Trolleybus 1, 10, 11; Bus 7, 24 | ⏱ 1 h | 🗺 F5*

42 ANLEGER MIT SPHINXEN (PRISTAN SO SFINKSAMI)

1832–34 gestaltete man am Newa-Ufer vor dem monumentalen Bau der Kunstakademie einen der stimmungsvollsten Orte der Stadt: Links und rechts einer breiten Granittreppe wurden in Ägypten angekaufte Sphinxe aufgestellt. Die aus dem 14. Jh. v. Chr.

stammenden Steinkolosse tragen die Gesichtszüge von Pharao Amenhotep III. und waren zu Beginn des 19. Jhs. in der Königsstadt Theben ausgegraben worden. Zusammen mit den originellen geflügelten Bronzelöwen, die zu ihren Füßen steinerne Sitzbänke abschließen, bilden sie ⚑ eines der beliebtesten Petersburg-Fotomotive. *Gegenüber Universitetskaja Nabereschnaja 17 | Trolleybus 1, 10, 11; Bus 7, 24 | ⏷ E6*

🔲 U-BOOT S-189 (MUSEJ PODWODNAJA LODKA S-189)

In kleinen Gruppen werden Besucher durch eine 76 m lange Stahlröhre geführt, wobei sie eine gewisse Gelenkigkeit und das Fehlen von Platzangst als Voraussetzung mitbringen sollten. Beklemmend: Im Einsatz mussten in dem 1958 vom Stapel gelaufenen sowjetischen Diesel-U-Boot 54 Mann bis zu acht Tage unter Wasser durchhalten. *Mi–So 11–19 Uhr (nur Führungen, nur auf Russ.) | Nabereschnaja Lejtenanta Schmidta, auf Höhe der 16. Linie | 400 Rbl | Metro 4 Gorny Institut | ⏷ D6–7*

🔲 EISBRECHER KRASSIN (LEDOKOL KRASIN)

Und noch ein Museumsschiff am gleichen Ufer: Der über 100 Jahre alte Eisbrecher erlangte 1928 Weltruhm, als er bei Spitzbergen die Crew der mit einem Luftschiff verunglückten Nobile-Polarexpedition rettete. 1960 bekam das Schiff in Wismar neue Decksaufbauten – das Interieurdesign darf heute als rührender Retrostil gelten. *Mi–So 11–18 Uhr (nur Führungen, nur auf Russ.) | Nabereschnaja Lejtenanta Schmidta, auf Höhe der 23. Li-*

Museumsschiff mit Platzangstgefahr: Es wird eng beim Besuch des U-Boots S-189

nie | 500 Rbl | krassin.ru | Metro 4 Gorny Institut | 🚇 *F5*

45 ERARTA

Era (Zeit) und arta (Kunst) sind die Namensgeber dieses Museums für moderne Kunst. Auch wenn Erarta keine exquisite Citylage wie die Eremitage und das Russische Museum hat – den Vergleich mit den Giganten muss das 2010 verwirklichte Projekt einer privaten Stiftung nicht scheuen: Auf fünf Etagen eines schick und clever sanierten Stalin-Baus werden Werke von über 300 zeitgenössischen russischen Künstlern präsentiert, neben Gemälden auch Skulpturen und gewagte Installationen. Wer sich mit Leib und Seele in Kunstwerke vertiefen will, bucht Tickets für einige der acht begehbaren, U-Space genannten „totalen Installationen" *(1–5 Pers. 200 Rbl).* Als Dreingabe gibt es schicke Gastronomie und Kaufmöglichkeiten für jeden Geldbeutel! *Mi–Mo 10–22 Uhr | 29. Linie 2 | 500 Rbl | erarta.com | Metro 4 Gorny Institut | Bus 1, 6, 7; Trolleybus 10, 11; Tram 6, 40 |* ⏱ *2 h |* 🚇 *B6*

INSIDER-TIPP
Im Inneren der Kunst

46 PORT SEVKABEL

Petersburgs coolster Kreativ-Cluster – schon allein wegen der kühlen Brise, die hier direkt vom Meer weht: Mit einer ebenso bunten wie mutigen Mischung aus Küche, Kultur und Kommerz wurde eine 1879 von Carl Siemens gegründete Kabelfabrik samt riesiger sowjetischer Werkhalle neu belebt. Schwerindustrie-Retrocharme und die begrünte, abends wunderbar sonnige Uferpromenade mit freiem Blick über die Newa-Mündung auf Hafen und Hängebrücke bilden den Rahmen für das erst 2018 angelaufende Projekt. *Koshewennaja linija 40 | sevcableport.ru | Bus 1,7, 128, 152 | Trolleybus 10, 11 |* 🚇 *B6*

AUSSERDEM SEHENSWERT

Die Petersburger Altstadt ist eine der größten Europas. Aber auch außerhalb der City gibt es viel zu entdecken.

Darunter sind Sehenswürdigkeiten wie das Smolny-Kloster, der Piskarjowskoje-Friedhof, auf dem der Opfer der Blockade im Zweiten Weltkrieg gedacht wird, das Magazin der Eremitage oder das neue Street Art Museum.

47 EREMITAGE-MAGAZIN (RESTAWRAZIONNO-CHRANITELSKI ZENTR STARAJA DEREWNJA)

Der Hightech-Komplex der Eremitage im Norden der Stadt zur Aufbewahrung und Restaurierung von Kunstschätzen kann bei einer Führung besichtigt werden! Bilder und Skulpturen sind zwar eher lagerhausartig untergebracht, doch die gigantische Möbelsammlung ist durch einen Glaskorridor erschlossen. Auch das riesige Prunkzelt des türkischen Sultans Selim III. kann von innen und außen betrachtet werden – allerdings hinter Glas. Zum Abschluss geht es in die Zarengarage voller märchenhafter goldener Kutschen, Schlitten und Sänften. *Führungen Mi–So 11, 13, 13.30, 15.30 Uhr (russ., 1,5 Std.) | Uliza Sausadebnaja 37 | 550 Rbl | hermitage.ru | Metro 5 Staraja Derewnja |* *Primorski-Bezirk* | 🚇 *0*

48 BLOCKADE-GEDENKFRIEDHOF (PISKARJOWSKOJE MEMORIALNOJE KLADBISCHTSCHE)

Dieses Gräberfeld ist der bedrückendste Ort der Stadt: Während der Blockade 1941–44 wurden hier 490 000 Leningrader in Massengräbern bestattet, die meisten von ihnen waren verhungert oder erfroren. Zentrales Element der 1960 eingeweihten Gedenkstätte ist eine Figur der „Mutter Heimat". In einem Eingangspavillon dokumentiert eine kleine Ausstellung das elende Leben und Sterben der Stadtbevölkerung während der 870 Tage dauernden Belagerung durch die deutsche Armee. *Ausstellung tgl. 10–18, Friedhof im Sommer bis 21 Uhr | Prospekt Nepokorjonnych 74 | Eintritt frei | Metro 1 Ploschtschad Mushestwa, weiter mit Bus 80, 123 od. 138 |* *Kalinin-Bezirk* | 🚇 *0*

49 STREET ART MUSEUM

Und wo bitte ist das Museum? Was sich hinter dem Eingangsportal, einem Triumphbogen aus alten Containern, auftut, sieht eher aus wie eine schrottige Fabrik voller Riesengraffiti – was es auch ist. Aber eben nicht nur: In den Hallen, an den Innen- und Außenwänden und sogar im Schlot dieses 2012 eingerichteten grellen Kulturhotspots finden sich Arbeiten internationaler Street-Art-Künstler. Ein

AUSSERDEM SEHENSWERT

50 Blockade-Gedenkfriedhof

49 Eremitage-Magazin

A-118

51 Street Art Museum

52 Smolny-Kloster

Finskij

Saint Petersburg
Санкт-Петербург

Zaliv

Neva

53 Ozeanarium

54 Eisenbahnmuseum

Kudrovo
Кудрово

55 Grand Maket

5 km
3.11 mi

56 Siegesplatz

Heldenhaft: Das Denkmal auf dem Siegesplatz erinnert an die Blockade Leningrads

nicht geringer Teil der Bilder und Installationen ist vergänglich: Sie werden jedes Frühjahr neu gemacht – und Altes dabei schonungslos übermalt. Der beständige Teil befindet sich hingegen auf dem Gelände einer aktiven Kunststofffabrik – und ist deshalb nur am Wochenende bei Führungen *(Sa/So 13, 14 u. 15.30 Uhr (russ.), So 12 Uhr (engl.)* zu sehen. *Tgl.12–20 Uhr | Chaussee Revolutsii 84, Zugang vom Industrialny Prospekt | 400 Rbl | street artmuseum.ru | Metro 1 Ploschtschad Lenina, weiter mit Bus 28, 37, K28, K137, K530 | Krasnogwardejski-Bezirk | ⊞ 0*

INSIDER-TIPP
Graffiti ab Werk

50 SMOLNY-KLOSTER (SMOLNY MONASTIR)
Wo die von Süden kommende Newa jäh nach Westen schwenkt, steht die-

se im russischen Barockstil errichtete himmelblaue Klosteranlage von meisterhafter Schönheit. Eigentlich wollte Zarin Elisabeth Petrowna, eine Tochter Peters I., in dieser damals abgeschiedenen Ecke ein Frauenkloster als ihre Altersresidenz errichten sehen. 1748 begann man mit dem Großprojekt. Doch die Weihe der majestätischen, von fünf Turmspitzen gekrönten Kathedrale erfolgte aus Geldmangel erst 1835. Und auch als Kloster wurde die Anlage faktisch nie genutzt, denn schon 1764 wurde hier ein Mädcheninternat eingerichtet.

Für dieses „Smolny-Institut" wurde rechts neben der Anlage Anfang des 19. Jhs. ein nobler Bau errichtet, der Geschichte machen sollte: Hier waren im Revolutionsjahr 1917 der Arbeiter- und Soldatenrat und die Bolschewiken eingezogen, die mit Lenin an der Spitze im Oktober die Macht ergriffen.

Bis März 1918 war hier die Regierungszentrale des Sowjetstaates. Heute ist „der Smolny" Sitz der Stadtregierung St. Petersburgs, von Behörden und einer Hochschulfakultät. Zu besichtigen sind die Gebäude deshalb – mit Ausnahme der Kathedrale – nur von außen. Gegen eine Spende kann man dort jedoch 50 m zu einer kleinen Aussichtsplattform auf einem Glockenturm aufsteigen *(tgl. 11–20 Uhr)* – und ganz Petersburg weit überblicken. Das 1923 geplünderte Gotteshaus wurde 2015 der Kirche rückübereignet. *Tgl. 7–20 Uhr | Ploschtschad Rastrelli 3/1 | Bus 46, 54, 74 | Zentralbezirk | ⌑ N4*

INSIDER-TIPP
Der Smolny von oben

51 OZEANARIUM 🎭

In 41 Aquarien tummeln sich Wasserbewohner aus aller Welt. Mittelpunkt ist das von einem 35 m langen Glaskorridor durchzogene Hauptaquarium mit mehr als 20 Haien. Zur Haidressur steigen Di–So um 19 Uhr Taucher ins Becken, die Bewohner des Robbenbeckens zeigen Di–So um 11.30 und 16 Uhr ihre Tricks. *Tgl. außer dritter Mo im Monat 10–20 Uhr | Uliza Marata 86 | 600–750 Rbl je nach Termin, Schüler 400–550 Rbl, Kinder von 5–7 Jahren 150 Rbl | planeta-neptun.ru | Metro 5 Swenigorodskaja | Admiralitätsbezirk | ⌚ 2 h | ⌑ J8*

52 EISENBAHNMUSEUM (MUSEJ SHELESNYCH DOROG ROSSII) 🎐

Die Eremitage für Bahnfans: 2017 eröffnete die russische Staatsbahn gleich neben dem Baltischen Bahn-hof ihr nagelneues Firmenmuseum, so weitläufig wie Russlands Bahnnetz: Auf einem Freigelände, in einem renovierten Lokschuppen und einem schnieken Neubau werden 118 Lokomotiven und Waggons präsentiert – von rührigen Uralt-Dampfloks bis zum Atomzug mit eingebauter Interkontinentalrakete. *Mi–So 10.30–18 Uhr | Bibliotetschny Pereulok 4 | 300 Rbl | rzd-museum.ru | Metro 1 Baltijskaja | Admiralitätsbezirk | ⌚ 1–2 h | ⌑ 0*

53 GRAND MAKET 🎭

Die größte Modelleisenbahn des Landes! Die 800 m^2 große Anlage ist eine detailverliebte Darstellung von Russland in Miniatur. Einzelne Abschnitte zeigen St. Petersburg, Sotschi, den Ural, Sibirien oder auch die Arktis. Zum Alltag der 2 cm großen Mikro-Russen gehören Aufregungen wie ein Waldbrand oder die Verhaftung einer Mafiabande ebenso wie die friedliche Landarbeit. *Tgl. 10–20 Uhr | Zwetotschnaja Uliza 16 | 480 Rbl, Kinder 280 Rbl, dt. Audioguide 150 Rbl | grand-maket.ru | Metro 2 Moskowskije worota | Moskauer Bezirk | ⌚ 2 h | ⌑ 0*

54 SIEGESPLATZ (PLOSCHTSCHAD POBEDY)

Seit 1975 markiert das *Monument für die heldenhaften Verteidiger Leningrads* den Stadteingang am Ende des Moskauer Prospekts – unübersehbar für jeden, der vom Flughafen kommt. Ein 46 m hoher Obelisk überragt eine Monumentalskulptur im Stil des sozialistischen Realismus: Ein offener Ring symbolisiert die 1944 durchbrochene Blockade und gusseiserne

Kämpfer stürmen heroisch dem Feind entgegen.

Weitaus subtiler ist da der unterirdische Gedenksaal: Mit Originalexponaten, Dokumentarfilmen und dem damals vom Radio übertragenen Ticken eines Metronoms als Puls der um ihr Leben kämpfenden Stadt wird der Schrecken dieses Geschichtskapitels erst richtig begreiflich. *Di 11–17, Do-Mo 11–18 Uhr | Ploschtschad Pobedy | 200 Rbl | Metro 2 Moskowskaja | Moskauer Bezirk | ⬚ 0*

AUSFLÜGE

Wie an einer Kette reihen sich im Süden St. Petersburgs die prächtigen Landresidenzen der Romanow-Zaren auf.

Für jede von ihnen sollte mindestens ein halber Tag eingeplant werden – damit auch noch Zeit ist für einen entspannten Spaziergang in den nicht minder sehenswerten Parks.

🟥 ZARSKOJE SELO

27 km/1,5 h vom Newski Prospekt mit Metro 2 bis Kuptschino, dann Bus 186, K-286, K-287, K-342, K-347
Im „Zarendorf" befindet sich das – inzwischen rekonstruierte – legendäre Bernsteinzimmer. Der Ausflug nach Puschkin (wie der Residenzvorort seit 1937 heißt) führt aber nicht nur zu diesem Weltwunder, sondern in eine ganze Wunderwelt. Herz des Schlossensembles ist der *Katharinenpalast (tgl. 12–18, Mai, Aug. bis 19, Juni–Juli bis 20, Sept.–April Di und letzter Mo des Monats geschl. | 1000 Rbl, dt. Audioguide 150 Rbl)*, der nach Kathari-

Märchenwelt mit Kutsche und Pferden: die Zarenresidenz Zarskoje Selo in Puschkin

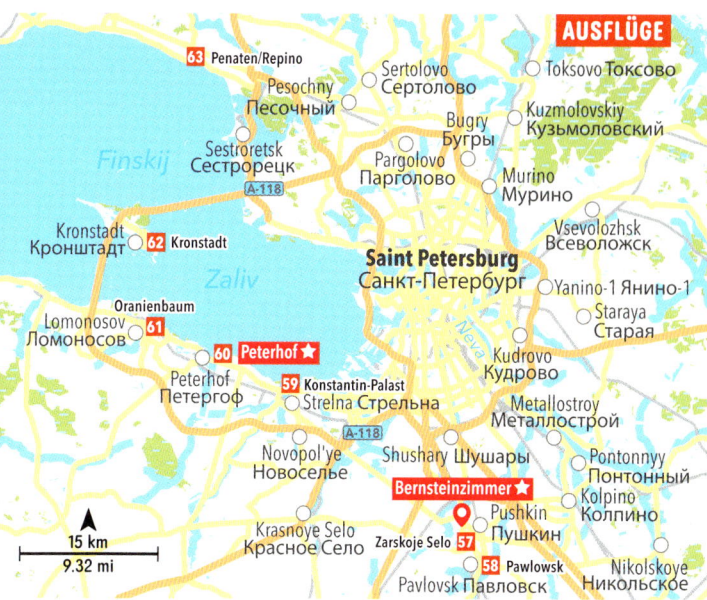

na I., der Ehefrau und Nachfolgerin von Peter dem Großen, benannt ist. Sie ließ hier 1717–24 ein erstes Schloss und einen akkuraten Park anlegen.

Besucher betreten das Obergeschoss des 306 m langen Palasts, der 1756 von Baumeister Bartolomeo Rastrelli vollendet wurde, über die üppig mit Stuck verzierte Paradetreppe. Der dann folgende Große Saal ist atemberaubend: Fensterreihen öffnen sich auf beide Seiten zum Park, dazwischen reflektieren große Spiegel das Licht – und der verbleibende Platz wurde mit vergoldetem, barockem Schnitzwerk überreich dekoriert. Darüber spannt sich ein 860 m² großes Deckengemälde namens „Russlands Triumph", das den Saal ein Stockwerk höher wirken lässt. An den weiten

Raum schließen sich drei ebenfalls verschwenderisch in Gold getauchte Vorzimmer an, denn früher betraten Gäste den Festsaal von dieser Seite her. In der Gegenrichtung beginnt dann die *Goldene Enfilade:* Eine lange Zimmerflucht aus zehn in barocker Üppigkeit ausgestalteten Räumen, die einst als Speisezimmer, Bildergalerien oder Empfangsräume dienten. In ihrer Mitte betritt man als Höhepunkt das ★ *Bernsteinzimmer:* Drei Wände des 96 m² großen Raumes sind mit 500 000 Bernsteinscheibchen passgenau belegt. Aus Bernstein wurden auch Gravuren, Figuren, Bilderrahmen und Ornamente geschaffen – man weiß gar nicht, wo man zuerst hinsehen soll. Handwerklich ist dieses weltweit einmalige Raumdesign zweifellos ein Meisterstück –

darüber, ob sein künstlerischer Wert den legendären Ruf rechtfertigt, darf man geteilter Meinung sein. Doch mehr zählt der ideelle Wert: Das in diversen Gelb- und Goldtönen changierende Bernsteinpuzzle war schon immer ein Gradmesser in den deutsch-russischen Beziehungen. 1717 schenkte der preußische König Friedrich Wilhelm I. dem Zaren Peter I. als Zeichen der guten Beziehungen ein Bernsteinkabinett. Vier Jahrzehnte später wurden die nur für eine Kammer ausreichenden Wandpaneele ergänzt und damit ein Saal im Katharinenpalast dekoriert. Während der Blockade Leningrads verschleppte die Wehrmacht dann das Meisterwerk nach Königsberg. Als die Sowjetarmee 1945 die Stadt eroberte, verlor sich die Spur des Beuteguts: Vermutlich ist es dort verbrannt. 1979 beschloss die Sowjetregierung, das Bernsteinzimmer zu rekonstruieren. Schließlich tauchten in Deutschland noch eine Kommode und eines der vier Steinmosaike mit allegorischen Darstellungen der menschlichen Sinne auf. Diese privaten Beutestücke kehrten im Jahr 2000 zurück – und 2003 wurde das vollendete Bernsteinzimmer wieder feierlich eröffnet.

Links vor dem Palast schuf der Schotte Charles Cameron 1787 einen Bäderkomplex im Stil römischer Thermen. Der elegante Hauptflügel der Cameron-Galerie führt zu den nobelsten Räumen, den mit Halbedelsteinen, Marmor und feinstem Parkett ausgekleideten Achatzimmern. Das Luxus-Tagesapartment von Katharina der Großen verschlang allein 25 t Jaspis und bietet aufwendige Stuckdecken und Parkettböden *(Juni–Sept. tgl. 11– 19 Uhr | 300 Rbl)*. Nicht fehlen dürfen ein Spaziergang oder eine Rundfahrt

Ruhe und frische Luft gefällig? Dann los: in den Landschaftspark in Pawlowsk!

mit dem Elektromobil *(Mai–Sept. tgl. 11–18 Uhr | 250 Rbl)* durch den um einen See angelegten 🐦 *Katharinenpark (tgl. 7–21, Mai–Juni bis 23, Juli–Aug. bis 22 Uhr | Mai–Okt. 9–18 Uhr 120 Rbl, ansonsten Eintritt frei)*: Pavillons, Tore und Brücken warten mit den verschiedensten Stilen auf, mal türkisch und chinesisch, dann gotisch oder griechisch, selbst Ruinen wurden der Romantik zuliebe eigens errichtet. Zum Abschluss kann man in der Ausstellung *Höfische Kutschen (Do–Di 10–17.30 Uhr | 200 Rbl)* gleich gegenüber des Park-Haupteingangs noch Prachtkarossen der Zaren bestaunen, aber auch <mark>durchaus praktische Gefährte wie jene noble Equipage, unter deren Polsterbank sich ein Plumpsklo versteckt.</mark> *Puschkin | Uliza Sadowaja 7 | tzar.ru | Anfahrt auch per Vorortzug vom Witebsker*

Bahnhof bis Zarskoje Selo, dann Bus 371, 385, K-377 | 🚌 *0*

56 PAWLOWSK

32 km/70 Min. vom Newski Prospekt mit Metro 1 bis Puschkinskaja, dann Vorort-Zug

Der Ausflug beginnt am 🐦 *Witebsker Bahnhof (Metro 1 Puschkinskaja)*, Wer hier gleich eilig in den Zug springt, verpasst etwas: <mark>Der festliche Wartesaal des 1904 errichteten grandiosen Jugendstilbaus bringt den Glauben an die gute alte Zeit zurück.</mark> Zumal es dann über die älteste Bahnlinie Russlands weitergeht: 1837 wurde – rein zum Vergnügen der hauptstädtischen Gesellschaft – die Strecke über Zarskoje Selo nach Pawlowsk in Betrieb genommen. Der Schlosspark beginnt gleich neben dem dortigen Bahnhof – und ist mit 540 ha Fläche einer der größten und schönsten Landschaftsparks Europas und vor allem im Herbst eine Augenweide. Das klassizistische *Schloss (tgl. 10–18 Uhr, 1. Mo im Monat geschl. | Uliza Sadowaja 20 | 400–500 Rbl),* 1782–84 für den späteren Zaren Paul I. errichtet, ist im Vergleich dezent, aber im Innern umso stilsicherer eingerichtet.

Wer jedoch bereits genug Zarenschlösser gesehen hat, kann sich den Eintritt sparen und sich, dank einiger Radverleihe nicht unbedingt zu Fuß, auf die Erkundung des Parks beschränken. Sein Zentralbereich ist das stille Tälchen der Slawjanka, in das geschickt Tempel, Pavillons, Monumente, Brücken, eine Mühle und sogar künstliche

Ruinen komponiert wurden. Ziel der Gartenarchitekten, vor allem Charles Cameron und Pietro Gonzaga, war es, eine ideal-idyllische Landschaft zu schaffen. Im Ostteil öffnen sich Wälder und Wiesen zu romantischen Perspektiven, die vergessen lassen, dass man sich noch auf Petersburger Stadtgebiet befindet. *Park tgl. 6–24 Uhr | Mai–Okt. 9–19 Uhr 100 Rbl, sonst frei | pavlovsk museum.ru |* 🗺 *0*

57 KONSTANTIN-PALAST (KONSTANTINOWSKI DWOREZ)

22 km/75 Min. vom Newski Prospekt, Metro 1 bis Awtowo, dann Tram 36 oder Bus 200, 210

Schon Peter I. ließ in Strelna einen großen Steinpalast bauen, realisierte seine Idee vom „russischen Versailles" dann aber 9 km weiter in Peterhof. Im 19. Jh. residierten in dem mächtigen Barockschloss an der Ostseeküste nacheinander drei Romanow-Großfürsten namens Konstantin. 2001 beschloss der Kreml, es zu Russlands Repräsentationsobjekt Nummer eins zu machen: Innerhalb von 18 Monaten wurde es generalsaniert und zum Kongresspalast umfunktioniert. *Do–Di 10–18 Uhr (sofern keine Großveranstaltungen) | Strelna | Ul. Glinki 1 | nur Führungen, 250–350 Rbl | konstantin palace.ru |* 🗺 *0*

58 PETERHOF (PETERGOF) ⭐ 🚩

26 km/40 Min. von der Admiralität mit Tragflügelboot

Über 5 Mio. Besucher im Jahr: Das „russische Versailles" ist definitiv ein Touristenmagnet – und an Sommerwochenenden hoffnungslos überfüllt.

Mehr noch als der Große Palast – ein 300 m langer Barockbau – ist der edle Park mit seiner Fontänenvielfalt Zeugnis für die verschwenderische Prachtentfaltung der Monarchie. Und schon allein die Anfahrt mit einem der Tragflügelboote vom Typ „Meteor" ist ein Abenteuer.

Peterhof wurde in seinen Grundzügen von Peter I. als Lustschloss und Prunkresidenz erdacht. Kanäle und Teiche im Hinterland und 15 m Höhenunterschied zum unteren Park erlaubten die Anlage von Wasserspielen. 1714–23 entstanden alle wesentlichen Elemente des Schlossareals, wenngleich Peters Tochter Elisabeth um 1750 den Palast von Bartolomeo Rastrelli erweitern und umgestalten ließ. Im Obergeschoss können 27 Räume und Säle besichtigt werden, die sich in Reichtum, Originalität und Schönheit gegenseitig zu übertreffen versuchen. Die vorherrschende Farbe ist Gold. Ausreißer aus der barocken Pracht sind zwei chinesisch gestaltete Zimmer sowie das Eichenkabinett von Peter I.

Die größte – und ebenfalls großzügig vergoldete – Sehenswürdigkeit befindet sich vor dem Palast: die *Große Kaskade* mit 138 Wasserstrahlern. Das Wasser fließt in ein großes Becken, das über einen Kanal mit der Ostsee verbunden ist. Zentrales Element der Komposition aus Wasser, Marmor, Bronze, Gold und Tuffstein ist die 1735 aufgestellte Samson-Fontäne: Der 20 m hohe Wasserstrahl kommt aus dem Maul eines Löwen, den Muskelmann Samson niedergerungen hat – eine Allegorie auf den 1709 bei Poltawa errungenen Sieg über die Schweden.

Schlicht, aber mit Stil: Schlösschen Monplaisir, das erste Gebäude in Peterhof

Der vom Kanal geteilte *Untere Park* erstreckt sich 2 km entlang der Küste. In jeder Hälfte gibt es eine weitere Kaskade sowie einen kleinen Palast: Im Westteil ist dies das *Schlösschen Marli* – ausgestattet mit Mobiliar und Kunstobjekten aus der Zeit Peters I. – und der eher strenge *Goldene Berg*. Interessanter ist jedoch der Ostteil mit der von wasserspeienden Drachen gespeisten Kaskade *Schachbrettberg,* 🐾 Kinder begeisternde Scherzspringbrunnen und dem *Schlösschen Monplaisir (im Sommer tgl. 10.30–18 Uhr, außer letzter Mo im Monat | 500 Rbl).* Seinen Kern bildet das einstöckige *holländische Häuschen*, das sich Peter I. am Meer als erstes Gebäude errichten ließ.

Mittelpunkt des streng geometrischen 🐾 *Oberen Parks (Eintritt frei)* ist der *Neptun-Brunnen*. Er sollte eigentlich 1688 auf dem Nürnberger Hauptmarkt aufgestellt werden, ein Jahrhundert später kaufte der spätere Zar Paul I. das Kunstwerk. Am Parkhaupteingang lohnt sich ein Blick in die Multimedia-Ausstellung *Die Kurzweil der Herrscher (Gosudarewy potechi: Do–Di 10.30–18 Uhr | 500 Rbl)* nicht versäumen: Mit einigem technischen Aufwand wird dort das höfische Leben museal neu inszeniert, die Fahrräder der Zaren inbegriffen. Geradelt sind die Romanows damit vor allem im **idyllischen und angenehm ruhigen** *Park Alexandria (tgl. 9–20 Uhr | bis 17 Uhr 300 Rbl, danach Eintritt frei)* 1 km weiter östlich: Hier stehen mit dem Cottage und dem Farmer-Palast zwei ihrer familienfreundlichen Traumdatschen aus dem 19. Jh. *Park: tgl. 9–20 Uhr, Fontänen Mai–Mitte Okt. 10–18, So bis 19 Uhr | 900 Rbl | Großer*

INSIDER-TIPP
Landhausglück für Familie Zar

Palast: Di–So 12–14.30 u. 16–17, Sa bis 19.45 Uhr | Sankt-Peterburgski Prospekt 47 | 1000 Rbl | peterhofmuseum. ru | Anfahrt: Tragflügelboot (700–850 Rbl) oder per Bus bis zur Haltestelle vor dem Palast von Metro 1: Awtowo, Bus 200, 210, K-224, K-300, K-404, K-424 | ▥ 0

59 ORANIENBAUM

42 km/90 Min. vom Newski Prospekt, Metro 1 bis Baltijskaja, dann Vorortzug bis Oranienbaum I

Als einzige der großen Zarenresidenzen im Umland Petersburgs überstand Oranienbaum den Krieg fast ohne Schäden – und inzwischen ist

Reich verziert: die Marine-Kathedrale in Kronstadt

auch fast alles saniert, was der Zahn der Zeit zerfressen hatte. Der idyllische *Park (tgl. 9–20 Uhr | bis 17 Uhr 300 Rbl,*

danach freier Eintritt) präsentiert sich ebenso perfekt wie seine Highlights: Herz der Anlage ist der von 1711 bis 1727 errichtete *Große oder Menschikow-Palast (für Individualbesucher Mi–Mo 12–13.30 und 15–16.30 Uhr, nur Führungen | 400 Rbl).* Oranienbaum war der Schauplatz des wohl größten Ehedramas in der russischen Geschichte: Hier lebte ein zwangsverheiratetes Paar junger deutscher Landadliger, der spätere Zar Peter III. und die spätere Zarin Katharina II., die ihren Gatten 1762 nach nur einem halben Jahr Herrschaft vom Thron putschte. Ihr Lieblingsplatz war der unscheinbare *Chinesische Palast (nur im Sommer, Di–So 10.30–18 Uhr | 500 Rbl)* (1762–68), der so heißt, weil einige Räume im asiatischen Stil gehalten sind. Doch nirgendwo in Russland gibt es derart reiche Rokoko-Interieure zu bewundern: Kaum bekannt, aber atemberaubend schön und einzigartig ist das magisch schimmernde Glasperlenkabinett mit seinen filigran aus Seide gestickten Vogelmotiven.

INSIDER-TIPP
Das Traumzimmer der Zarin

Lomonossow | Dworzowy Prospekt | peterhofmuseum.ru | Anfahrt auch ab Metro 1 Awtowo mit Bus 200 oder K-424-A | ▥ 0

60 KRONSTADT

50 km/90 Min. vom Newski Prospekt, Metro 3 bis Begowaja, dann Bus K-405

Die einstige Seefestung auf der Insel Kotlin mitten im Finnischen Meerbusen schützte zusammen mit einer Kette von Forts die Zufahrt nach Petersburg. Im 18. und 19. Jh. gedieh die Bastion zum Petersburger Handels- und Kriegshafen, doch heute herrscht provinzielle Stille in der weitläufig angelegten historischen Stadt mit 44 000 Einwohnern. Dabei ist Kotlin inzwischen keine Insel mehr, da der Flutschutzdamm samt Autobahn die Newa-Bucht abriegelt. Kronstadts Attraktion ist die 70 m hohe *Marine-Kathedrale des Hl. Nikolaus (tgl. 10–19 Uhr | Jakornaja Ploschtschad 1 | Eintritt frei)*, die erst 1913 eingeweiht wurde. 2013 brachte eine aufwendige Restaurierung die ganze Pracht des von der Hagia Sophia inspirierten Kirchenbaus wieder zutage: von den glubschäugigen Jugendstil-Engeln am Portal über die riesigen Buntglasfenster in den ausgemalten Kuppeln bis hin zu dem mit Marmormosaiken ausgelegten Fußboden. Im Hafen werden *Bootsfahrten (im Sommer tgl. 13, 15.15 und 17 Uhr, inkl. Bustransfer zurück | 550 Rbl)* entlang der Festungsinseln zum Fort Konstantin angeboten. Fotos an Bord beweisen: In ihrem früheren Leben war die "Reeperbahn" ein legendäres Hamburger Partyboot – an Bord feierten auch die Beatles, die Stones und Queen! ⬛ 0

INSIDER-TIPP
Kult-Kutter für Rock-Nostalgiker

61 PENATEN/REPINO

45 km/90 Min. vom Newski Prospekt, Metro 3 bis Begowaja, dann Bus 211 Weniger als eine Stunde Fahrt mit dem Zug trennt die Metropole von der Stille der Natur, von weiten Sandstränden und rauschenden Wäldern.

Die "Nördliche Riviera" zwischen Sestrorezk und Selenogorsk an der Nordküste des Finnischen Meerbusens ist die Naherholungszone Nummer 1 für stadtmüde Petersburger – ganz ohne Zarenschlösser, aber mit den höchsten Grundstückspreisen. In Repino lässt sich das sommerliche Baden (im Winter: der Eisspaziergang) mit einem Kulturprogramm verbinden: Hier lebte nämlich der große Maler Ilja Repin (1844–1930) in einer originellen Villa. Wer einfach einen Strandtag verleben möchte, sollte per Vorortzug vom Finnländischen Bahnhof in nur 40 Min. bis Solnetschnoje fahren: Der *Laskowy-Strand* ist der beste an der ganzen Küste. In Repino, dem nächsten Ort, stehen dann die *Penaten (Mi–So 10.30–17, im Winter bis 16 Uhr, Park 10–20 Uhr | Primorskoje Schosse 411 | 350 Rbl inkl. Audioguide und Film auch auf Deutsch | artsacademy. org)*. So nannte Ilja Repin seinen originellen Landsitz.

Die Villa verblüfft durch ihre Winkel, Erker und spitzen Glasdächer über den Atelierräumen, aber auch dadurch, was man hier über das verschrobene Genie erfährt: Repin schlief auch im tiefsten Winter auf dem Balkon, war Vegetarier und verzichtete auf Dienstpersonal – und war dennoch ein Gastgeber, zu dessen Festen die Kulturboheme in Scharen pilgerte. Das im Krieg abgebrannte Haus wurde originalgetreu rekonstruiert und ist heute ein Museum. Im Park der Villa befindet sich Repins Grab. Jenseits der Straße stößt man auf einen wunderschönen Naturstrand mit Kiefern auf den Dünen. ⬛ 0

ESSEN & TRINKEN

Pizza und Pasta, deutsche Bratwürste, Asiafood aus dem Wok, erlesene Mittelmeer-Cuisine – das Angebot in Petersburg ist so vielfältig wie international. Und darüber hinaus erstaunlich modern, schick und kreativ, denn die Gastronomiebranche hat nach dem Ende der tristen Sowjetjahre 1991 faktisch bei null angefangen.

Das bedeutet aber nicht, dass die Russen die meist deftigen, volkstümlichen Gerichte ihrer heimischen Küche nicht mehr lieben würden. Ganz im Gegenteil, sie stehen zu ihren Essgewohnheiten: Gro-

Rote-Bete-Köstlichkeit: Borschtsch

ße, nahrhafte Suppenportionen, eine enorme Vielfalt von *sakuski* (Vorspeisen), die Liebe zu Pilzen – und Wodka – ist allemal eine Alternative zum (recht teuren) Wein. Heimrecht genießt aber auch die georgische Kochkunst, die Russlands Küche mit südländischer Würze und ausgefeilten Grilltechniken bereichert hat: Eine Einkehr beim Georgier, das gehört in Petersburg einfach dazu!

WO ST. PETERSBURG ISST

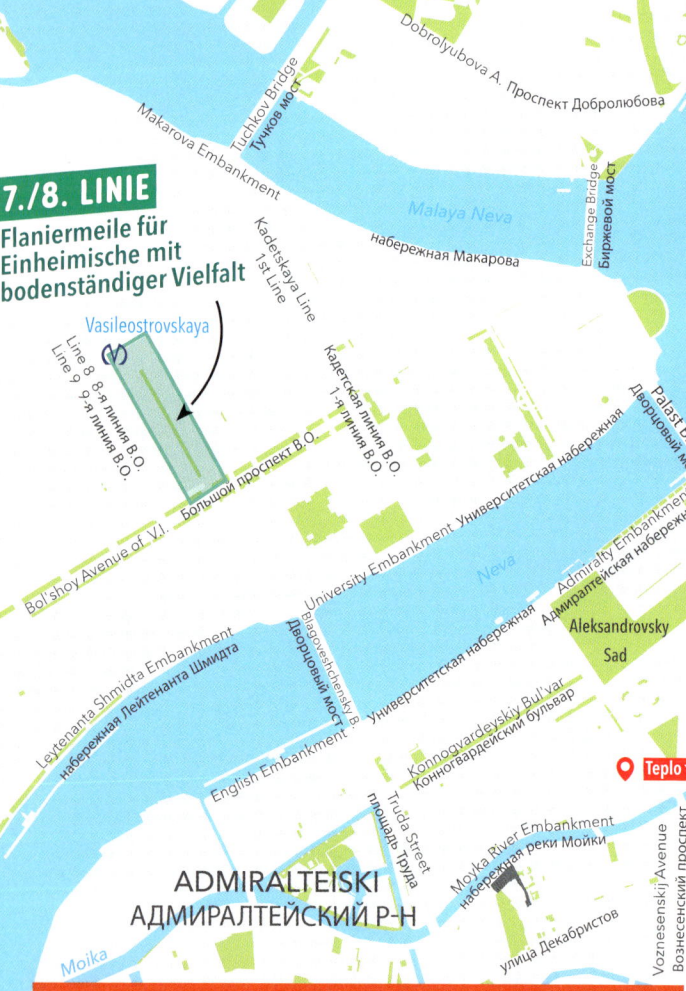

7./8. LINIE
Flaniermeile für
Einheimische mit
bodenständiger Vielfalt

Dobrolyubova A. Проспект Добролюбова

Tuchkov Bridge
Тучков мост

Makarova Embankment
Makarova Embankment

Malaya Neva
набережная Макарова

Exchange Bridge
Биржевой мост

Kadetskaya Line
1st Line

Vasileostrovskaya

Line 8 8-я линия В.О.
Line 9 9-я линия В.О.

Кадетская линия В.О.
1-я линия В.О.

Bol'shoy Avenue of V.I. Большой проспект В.О.

University Embankment Университетская набережная

Palast Bridge
Дворцовый мост

Neva

Admiralty Embankment
Адмиралтейская набережная

Aleksandrovsky
Sad

Leytenanta Shmidta Embankment
набережная Лейтенанта Шмидта

Blagoveschensky B.
Дворцовый мост

Университетская набережная

Konnogvardeyskiy Bul'var
Конногвардейский бульвар

English Embankment

Teplo ★

ADMIRALTEISKI
АДМИРАЛТЕЙСКИЙ Р-Н

Truda Street
площадь Труда

Moyka River Embankment
набережная реки Мойки

Voznesenski Avenue
Вознесенский проспект

улица Декабристов

Moika

MARCO POLO HIGHLIGHTS

★ **DICKENS**
Der mondäne Pub mit Garten, Restaurant
und drei Dutzend Biersorten zieht viele
junge Leute an ➤ S. 76

★ **VOLGA-VOLGA**
Seefahrt verpflichtet: maritime Küche auf
Petersburgs Restaurantschiff ➤ S. 81

★ **ARAGVI**
In dem kleinen Lokal erfährst du, warum
die georgische Küche so beliebt ist ➤ S. 82

★ **TEPLO**
Wie bei guten Freunden daheim: mit
Sitzecke am Kamin, Büchern und
Kinderzimmer ➤ S. 84

Volga-Volga ★

Pirogovskaya Embankment
Пироговская набережная

Petrovskaya Embankment
Петровская набережная

Kronverksky Moat

Kamennoostrovskiy A.
Каменноостровский

Troitsky Bridge Троицкий мост

Liteynyy Bridge
Литейный мост

Neva

Kutuzov Embankment набережная Кутузова

Shpalernaya Street
Шпалерная улица

Palace Embankment Дворцовая набережная

Letnij
Sad

Fontanka

Литейный проспект

Marsovo
Pole

HINTER DER KASANER KATHEDRALE

Gut essen einen Steinwurf weg vom touristischen Newskij

Minajlovskij
Sad

MALAJA SADOWAJA

Kleine ruhige Fußgängerzone mit Streetfood und Cafés

Aragvi ★

Садовая улица

Nevsky Prospect

Gostiny Dvor

Ⓜ Ⓜ

Nevskiy Prospekt

Невский проспект

Moika

Gorokhovaya Street

Казанская улица

Sadovaya Street

Fontanka River Embankment
набережная реки Фонтанки

Liteyniy Avenue

Kazanskaya Street

Griboyedov Canal

ULIZA RUBINSTEJNA

Kneipencorso und Gastromeile für jeden Geschmack

Dostoyevskaya

Ⓜ

Загородный проспект

Vladimirskaya

Ⓜ

APRAKSIN DVOR
АПРАКСИН ДВОР

Fontanka River Embankment
набережная реки Фонтанки

Moskovsky Avenue
Московский проспект

Fontanka

Dickens ★

Zagorodnyy Avenue

Гороховая улица

Pravdy Street улица Правды

▲
500 m
547 yd

Noch immer halten es zahlreiche Restaurants – vor allem in den höheren Preisregionen! – für unter ihrer Würde, fleisch- und fischlose Gerichte anzubieten. Das ist offenbar eine Spätfolge der Sowjetzeit, galten damals Vegetarier doch als ideologisch verdächtige Sonderlinge. Doch prinzipiell liegt fleischlose Ernährung im Trend: Es gibt immer mehr partiell oder rein vegetarische Lokale!

Etwas verwirrend sind die ortsüblichen Kategorien: Unter einem *kafe* versteht man ein kleineres Speiselokal mit durchaus umfangreichem Angebot. Wer Kaffee und Kuchen sucht, ist in einer *kofejnja* oder *konditorskaja* richtig. Ein *restoran* fühlt sich zu höheren Küchen- und Serviceansprüchen berufen. Das bedeutet auch, dass es abends oft Live-Musik gibt. Der gastronomische Gegenpol – Hauptsache schnell und sehr günstig – ist die *stolowaja:* In diesen populären SB-Kantinen gibt es robuste, landestypische Küche. Und unter einer *bar* ist eher eine Kneipe oder ein Pub zu erwarten – in der Regel ebenfalls mit ausführlicher Speisekarte und üppigem Bierangebot. Denn der Craft-Beer-Boom hat auch Russland erreicht.

Gaststätten arbeiten prinzipiell ohne Ruhetag, und auch nachmittags wird die Küche nicht kalt. Werktags von 12 bis 15 Uhr buhlen fast alle Lokale mit günstigen Mittagessen um Kundschaft – in Form eines fixen Mini-Menüs *(bisnes-lantsch)* oder mit pauschalen Rabatten. Fast immer gibt es englische Speisekarten, Reservierungen sind meist nur für größere Gruppen notwendig. Viele Lokale schließen um 23 oder 24 Uhr, doch im Zentrum wird oft gearbeitet, bis der letzte Gast geht – oder sogar rund um die Uhr.

BIERLOKALE

BEER FAMILY

Schon allein wegen der Stuckdecke ist das hier definitiv keine Kneipe – sondern ein clubartiges Restaurant für Bierliebhaber: 30 Sorten vom Fass und 400 aus dem Glaskühlschrank. Ein Unikum ist die Veranda hoch über dem Newski-Trottoir: Wer nicht nur ins Glas schaut, genießt freien Ausblick über die Innenstadt-Achse. *Newski Prospekt 47 | Metro 3 Majakowskaja | Zentralbezirk | H6*

INSIDER-TIPP
Biertrinken mit Durchblick

DICKENS ★

Trotz (oder wegen?) des viktorianischen Luxusstils zieht dieser große Pub – mit 40 verschiedenen Biersorten! – ein buntes Publikum an. Im Sommer gibt es einen kleinen Biergarten am Fontanka-Ufer. *Nabereschnaja reki Fontanki 108 | Metro 1, 2 Technologitscheski Institut | Admiralitätsbezirk | H8*

KARL & FRIEDRICH

Eine fröhliche Einkehr, gelegen auf der grünen Kreuzinsel: Zum rustikalen Brauerei-Restaurant gehören sowohl ein großer Biergarten unter Birken (Russland eben!), als auch ein schöner Spielplatz und Mini-Zoo mit

Erlebnisgastronomie auf Russisch: das rustikale Karl & Friedrich

Rentieren und Straußen. *Juschnaja Doroga 15 | Metro 5 Krestowski Ostrow | Petrograder Seite | ᴍ 0*

PUNK BREW

Turbulentes Epizentrum auf Petersburgs Partymeile, der Rubinsteijna: viel Metall (sogar als Kanaldeckel im Fußboden), knusprige Pizza, riesige Bierauswahl, laute Musik, entspannte Stimmung – passt! *Uliza Rubinstejna 9 | Metro 4 Dostojewskaja | Zentralbezirk | ᴍ J7*

THE DOG WALK BAR

Geradezu steampunkig ist der Zugang: Eine gusseiserne Wendeltreppe führt aus dem Hof hinauf. Der Pub im ersten Stock ist dann aber nicht oldschool, sondern eher neobritisch – und gilt nicht umsonst als das Herz des neuen Kreativ-Clusters Berthold Centre. Wer auf dem langen, schmalen Balkon einen Platz ergattert, hat den vollen Überblick, wer kommt und was abgeht. *Grashdanskaja Uliza 13–15 | Metro 5 Sadowaja | Admiralitätsbezirk | ᴍ G7*

TOLSTY FRAJER

Originelle Kneipenkette im Sowjetzeitkolorit: Agitationsplakate, Losungen und Appelle an die Genossen sind jedoch nicht aggressiv aufgetragen, sondern mit Ironie in gemütliches Design verwandelt. Zum Bier gibt es einen Teller Knabberzeug umsonst. Ein Problem: Es ist oft zu voll – auch der demokratischen Preise wegen. *Malaja Morskaja Uliza 8 | Zentralbezirk | (ᴍ G6); Uliza Dumskaja 3 | Zentralbezirk | (ᴍ H6); Uliza Mira 11 | Petrograder Seite | (ᴍ G3; 8. Linie 43 | Wassili-Insel | (ᴍ D5)*

CAFÉS

ZIFERBURG

Was ist das Beste an einem Café-besuch? Eben – dachte sich der Moskauer Künstler Iwan Mitin und kassiert in seinen Cafés nicht für den Verzehr, sondern für die verbrachte Zeit: WLAN, Kaffee, Tee und Kekse sind frei, man bezahlt zu einem dezenten Minutentarif den Aufenthalt. Und der wird angenehm gemacht – mit Sofas, Klavier, Brettspielen, stillen Ecken zum Lesen und Platz für gemeinsame Aktivitäten. 16 seiner Time-Cafés gibt es unter der Marke Ziferblat von der Mongolei bis Manchester. Das schönste davon ist das Ziferburg: Im Kreativ-Cluster *Golizyn Loft* (s.S. 43) belegt es, wunderbar chaotisch möbliert, zwei alte Parade-räume mit Stuck und Balkon. Mehr Boheme-Feeling geht nicht! *Nabereshnaja reki Fontanki 20 | Tram 3; Bus 46, 49 | Zentralbezirk | ⌖ J5*

BOLSCHE KOFE!

Was kann man aus einer alten künstlichen Parkgrotte machen? Einen urigen Kultort für Kaffeegourmets! Mangels Platz gibt es weder groß was zu essen noch eine Toilette – aber sonnige Stühle und Bänke vor der Höhle! *Alexandrovsky park 3-G | Metro 2 Gorkowskaja | Petrograder Seite | ⌖ H3*

PYSCHETSCHNAJA ⚑

Seit Generationen eine Institution: In dem 1958 eröffneten primitiven Stehcafé gibt es für ein paar Rubel pappsüßen Kaffee vom Fass und un-

INSIDER-TIPP
Donut-Kult auf Sowjet-Art

verschämt leckere *pyschki* (frittierte Hefeteigkringel mit Puderzucker). Und sonst nichts. Halt, stimmt nicht, eine Warteschlange gibt's auch noch. *Bolschaja Konjuschennaja Uliza 25 | Metro 3 Gostiny Dwor | Zentralbezirk | ⌖ H6*

SOLARIS LAB

Die futuristische Kuppel einer Mondbasis, davor eine rustikale Dachterrasse mit famosem Rundumblick über den Blechdachozean der Altstadt. Die Preise sind dabei ganz irdisch. Und warum drängt sich dann das Volk nicht an diesem kultigen Ort? Zum Einen, weil es nur Kaffee, Tee und Kuchen gibt. Zum Anderen, weil hier niemand zufällig vorbeikommt: Ganz am Ende einer tristen Sackgasse geht es durch eine unscheinbare Metalltür – Augen auf und auf das Sonnensymbol achten! *Pereulok Pirogowa 18 | Bus 3, 22, 27 | Admiralitätsbezirk | ⌖ F7*

STOLLE

In den SB-Kaffeehäusern der Kette werden ständig ofenfrische *pirogi* (Blechkuchen) aufgefahren. Neben leckeren Obstfüllungen bergen manche Kohl, Fleisch oder Fisch. Vorher fragen! *Sadowaja Uliza 8 | Metro 3 Gostiny Dwor | Zentralbezirk | ⌖ J6; Newski Prospekt 11 | Metro 5 Admiraltejskaja | Zentralbezirk | ⌖ G6; Wladimirski Prospekt 15 | Metro 1, 4 Wladimirskaja/Dostojewskaja | Zentralbezirk | ⌖ K7*

TSCHAINY DOM

Ein Ruhepol in der City-Hektik: Die orientalische Teestube mit Jugendstil-Aura verwöhnt mit vielfältigen,

Unsere Empfehlung heute

Vorspeisen

SELJODKA POD SCHUBY
Hering „unterm Pelzmantel" aus
Roter Bete, Ei und Mayonnaise

SALAT OLIVIER
nahrhafte Zutaten: Kartoffeln, Gurken,
Erbsen, Ei und Wurst

IKRA S BLINAMI
schwarzer (sehr teuer!) oder
roter Kaviar, auf kleinen
Pfannküchlein

Suppen

BORSCHTSCH
tiefrot dank Roter Bete. Hinein kommen
u. a. Weißkohl, Rindfleisch, Tomaten,
Kartoffeln, Zwiebeln – und *smetana*
(Schmand)

SOLJANKA
säuerliche Suppe mit Salzgurken,
in der klassischen Version mit
verschiedenen Fleischsorten, Schinken
und oft Wurst. Oliven und eine
Zitronenscheibe gehören inzwischen
dazu. Es gibt auch Fisch- und
Pilz-*soljankas*.

OKROSCHKA
kalte Sommersuppe auf Basis
von *kwas*
(s. Getränke)

Hauptgerichte

BEF STROGANOW
geschnetzeltes Rinderfilet in
Sahne-Pilz-Sauce

KOTLET PO-KIEWSKI
mit Butter gefülltes, paniertes
Hähnchenfilet, nur echt mit dem
rausstehenden Knochen

PELMENI
Ravioli-ähnliche Teigtaschen, mit
smetana oder in der Fleischbrühe

Desserts

WARENIKI
Pelmeni auf die süße Art, gefüllt mit
Quark oder Fruchtpüree

ROM-BABA
kleiner Gugelhupf, mit Rum getränkt

Getränke

WODKA
immer aus Getreide gebrannt,
immer vierzigprozentig

KWAS
eine Art alkoholfreies Malzbier

MORS
gesüßter verdünnter Beerensaft

79

teils exotischen Heißgetränken, gutem Kaffee und einer soliden Speisekarte. Auch im Angebot: Wein und Wasserpfeifen. *Dumskaja Uliza 5 | Metro 2 Newski Prospekt | Zentralbezirk | ⊞ H6*

VEGETARISCH

KASCHMIR

Ein intimes indisches Feinschmeckertempelchen mit nur sieben Tischen. Die vedische Küche ist ein Schmaus für Augen und Gaumen! *Bolschaja Moskowskaja Uliza 7 | Tel. 812 5 75 63 69 | Metro 1 Wladimirskaja | Zentralbezirk | ⊞ K7*

TROIZKI MOST

Der gesunde Exot unter den *stolowajas*: Salate, frisch gepresste Säfte, Torten eigener Produktion, gut abgeschmeckte kleine Hauptgerichte. Fleisch, Fisch und Alkohol? Fehlanzeige! Filialen: *Kamennoostrowskij Prospekt 9 | Metro 2 Gorkowskaja | Petrograder Seite | ⊞ H3*; *Uliza Kujbyschewa 33 | Metro 2 Gorkowskaja | Petrograder Seite | ⊞ J3*; *Uliza Millionaja 25 | Metro 3 Gostiny Dwor | Zentralbezirk | ⊞ H5 | Nabereschnaja Reki Moiki 30 | Metro 3 Gostiny Dwor | Zentralbezirk | ⊞ H6*; *Galernaja Uliza 19 | Metro 5 Admiraltejskaja | Admiralitätsbezirk | ⊞ F6*

BOTANIKA

Grün ist nicht nur das internationale Menü, sondern auch das Interieur dieses Lokals mit Kaffeehaus-Aura. 👫 Mit netter Spielecke für die Kleinen. *Uliza Pestelja 7 | Bus 46 | Zentralbezirk | ⊞ J5*

RESTAURANTS €€€

FRANCESCO

Florentinische Lebensart in Smolny-Nähe: In diesem kleinen, aber dennoch zweistöckigen Restaurant gibt es alles, was die ganz feine italienische Küche ausmacht – auch in Form einer Pizza mit Trüffeln. *Mo–Fr ab 9, Sa/So ab 12 Uhr | Suworowski Prospekt 47 | Tel. 812 6 40 16 16 | ginza.ru/spb | Trolleybus 5, 7, 11, 16; Bus 46, 181 | Zentralbezirk | ⊞ M5*

MAMALYGA

Chefköchin Izo Dzandzava hat jede Menge traditioneller Rezepte aus ihrer georgischen Heimat mitgebracht. Das Lokal direkt hinter der Kasaner Kathedrale hat trotz der Citylage ein ländliches, entspanntes Flair. *Kasanskaja Uliza 2 | Tel. 812 6 40 16 16 | Metro 3 Gostiny Dwor | Zentralbezirk | ⊞ H6*

RESTORAN

Das „Restaurant" ist ein Gastro-Klassiker – in der schlichten Eleganz der Petersburger Gründerjahre: barocke Spiegel und Kerzenlicht im luftigen Gewölbe mit derben Dielen. Klassische russische Küche, ohne jegliches Kulinarikgeklingel. *Tamoschenniy Pereulok 2 | Tel. 812 6 40 16 16 | Trolleybus 1, 10, 11; Bus 7, 24 | Wassili-Insel | ⊞ F5*

RUSSKAJA RJUMOTSCHNAJA NO. 1

Mehr als 150 Wodkasorten stehen zur Auswahl! Riesig, wie sich das in der klassischen russischen Gastronomie gehört, sind auch Vorspeisenangebot wie Suppenteller. Auch kommt hier in Petersburg sonst seltener Flussfisch wie Dwina-Sterlet oder Ladoga-Zander auf den Tisch, aber auch schlichte russische Bauernkost. Nach

INSIDER-TIPP
Frischfisch aus Russlands Strömen

TERRASSA

Eine der Lieblingsecken der Erfolgreichen und Schönen: Die Küche im modernen Lokal ist in den Saal integriert, aber die besten Plätze sind auf der Dachterrasse, mit Aussicht auf die Kasaner Kathedrale. Das Menü ist rus-

Macht seinem Namen alle Ehre: das Terrassa über den Dächern der Stadt

dem Mahl in stilvoll-dezenten Räumen wartet das hauseigene *Wodkamuseum (tgl. 12–21 Uhr | 100 Rbl für Restaurantgäste, sonst 200 Rbl | vodkamuseum.su)*. Ihnen steht der Sinn eher nach Fleisch, viel Fleisch? Dann ist – gleicher Betreiber, gleiches Gebäude – das sehr solide *Stroganoff Steak House (Tel. 812 3 14 55 14)* die passendere Wahl. *Konnogvardejski Bulwar 4 | Tel. 812 5 70 64 20 | Trolleybus 5, 22; Bus 3, 22, 27 | Admiralitätsbezirk | ☐ F6*

sisch und italienisch, hat aber auch eine große asiatische Abteilung. *Kasanskaja Uliza 3A | Tel. 812 9 37 68 37 | Metro 3 Gostiny Dwor | Zentralbezirk | ☐ H6*

VOLGA-VOLGA ★

Fein essen und dabei eine Stadtrundfahrt machen, zumindest im Sommer ist das möglich: Das schicke Restaurantschiff mit Panoramafenstern legt viermal täglich zu einer einstündigen Newa-Fahrt ab. Bei richtigem Sommerwetter ist das offene Oberdeck allererste Wahl: Es zieht fast nicht, und die Rundumsicht ist famos! Die Speisekarte ist international, mit Schwerpunkt auf Fischgerichten und Meeresfrüchten – bis hin zur ganzen Kamtschatka-Krabbe. *Abfahrten Mai-Sept. tgl. 15, 19, 22 und 24 Uhr | Nabereschnaja Petrowskaja, ggü. Haus 8 | Tel. 812 6 40 16 16 | Metro 2 Gorkowskaja | Petrograder Seite | ⊞ J3*

RESTAURANTS €€

ARAGVI ⭐

Beste georgische Küche, das bedeutet knackiges Grünzeug, saftige Schaschliks, würzige Fleischgerichte, rustikales Brot – und guter Wein. Wenn dann auch noch die Atmosphäre so schön

Opulente Opernatmosphäre im Sadko

familiär ist wie in diesem vergleichsweise kleinen Restaurant, wähnt man sich glücklich und sehr weit im Süden. *Nabereshnja reki Fontanki 9 | Tel. 812 5 70 56 43 | Metro 3 Gostiny Dwor | Zentralbezirk | ⊞ J6*

BUFET

Zwischen Nippes, Kitsch und Kunst ist in diesem gemütlichen, wie ein Antiquitätenladen erscheinenden Café mit 20 Plätzen nicht nur gut Kaffee trinken, sondern auch gut Mittag oder Abend essen – sofern Platz ist. *Uliza Puschkinskaja 7 | Tel. 812 7 64 78 88 | Metro 2, 3 Majakowskaja/Ploschtschad Wosstanija | Zentralbezirk | ⊞ K7*

IDIOT ☂

Manche mag das leicht verwohnte Interieur des Kellerlokals – Bücherregale, Sofas und Antiquariat – abschrecken, andere finden es urgemütlich. Originale russische Küche mit vielen Pilz- und Fischgerichten, *bliny* und *pelmeni*. Unkonventionell: das Gratisglas Wodka. Der Name ist nicht idiotisch, sondern der eines Dostojewski-Romans. *Nabereschnaja reki Moiki 82 | Tel. 812 9 46 51 73 | Metro 2, 4, 5 Sennaja Ploschtschad/Spasskaja/Sadowaja | Admiralitätsbezirk | ⊞ F7*

JEAN-JACQUES

Dieses rund um die Uhr geöffnete Bistro *à la française* verführt mit seiner Aura und mit feinster Küche zum Frühstücken, Kaffeetrinken oder abends auf einen Wein samt Imbiss. Nett: Der Bleistift auf dem Tisch animiert zum Zeichnen auf dem Papiertischtuch.

Gatschinskaja Uliza 2 | Tel. 812 2 32 99 81 | Metro 5 Tschkalowskaja | *Petrograder Seite* | 🗺 F2

MICKEY & MONKEYS

Hipster-Loft oder coole Kolonial-stil-Cocktailbar, Partybude oder relaxte Frühstücksoase à la Friedrichshain? Trifft alles zu! Noch dazu kann man hier schmackhaft essen – vorausgesetzt, man findet einen Platz in dem Szenetreff mit hohen Fenstern auf gleich drei Seiten.

INSIDER-TIPP Grellbunte Kalorien-bomben

Völlig irre sind die bunten Overshakes – gigantische Designer-Milchcocktails, zu denen man aufschauen muss. *Gorochowaja Uliza 27 | Tel. 812 9 24 54 42 | Metro 2,4,5 Sennaja Ploschtschad/ Spasskaja/Sadowaja | Admiralitätsbezirk* | 🗺 H7

O! CUBA

In diesem Keller hat ein Innenarchitekt revolutionäre Arbeit geleistet: Zunächst betritt man eine Strandbar, so türkis wie das Meer vor Varadero. Dahinter kommt – stilecht wie in den Gassen von Alt-Havanna – das Restaurant mit kreolisch-kubanischer Küche. Und wie das 56er-Buick-Cabrio hier reingekommen ist, eröffnet sich auch nach mehreren Cocktails nicht. Ab 19 Uhr: Livemusik. *Uliza Rubinsteja 36 | Tel. 812 3 12 88 92 | Metro 1, 4 Wladimirskaja/Dostojewskaja | Zentralbezirk* | 🗺 J7

SADKO

Das Lokal heißt wie eine russische Oper, es liegt neben der Oper (dem Mariinski-Theater), und wenn man am Freitag- oder Samstag-abend kommt, dann klingt es auch noch genau so: Zwischendurch schmettern die Kellner Arien.

INSIDER-TIPP Herr Ober aus der Oper

Kein Wunder, das Personal wird in der Musikhochschule gegenüber rekrutiert. Das Ambiente ist modern-elegant mit einem Folklore-Touch (das geht!), und die Küche bietet gehobene Kost à la russe – auch mit Hirsch, Stör und Kaviar. *Uliza Glinki 2 | Tel. 812 5 70 08 31 | Bus 3, 22, 27 | Admiralitätsbezirk* | 🗺 F7

SEWERJANIN

Zum Glück liegt dieses nette Lokal im Stil der vorrevolutionären Zeit etwas ab vom Schuss im Dostojewski-Viertel, sonst könnte es sich vor Gästen wohl kaum retten: perfekter Service und tadellose Küche mit einem Schwerpunkt bei explizit Petersburger Gerichten. Die Portionen sind nicht groß – die Preise sind es für den gebotenen Standard auch nicht! Im Nachbarhaus betreibt das Restaurant noch eine Teestuben-Konditorei – mit Gebäck nach Rezepten aus dem 19. Jh. *Stoljarny Pereulok 18 | Tel. 921 9 51 63 96 | Metro 2, 4, 5 Sennaja Ploschtschad/Sadowaja/ Spasskaja | Admiralitätsbezirk* | 🗺 G7

TANDOOR

Seit 25 Jahren ein guter Platz für ein ruhiges Abendessen ohne Musikgedröhne und laute Tischnachbarn. Das kleine indische Kellerlokal verwöhnt auch Vegetarier. *Admiraltejski Prospekt 10 | Tel. 812 3 12 38 86 | Metro 5 Admiraltejskaja | Admiralitätsbezirk* | 🗺 G6

So gemütlich wie das heimische Wohnzimmer: Zurücklehnen im Kellerlokal Teplo

TEPLO ⭐

Häusliche Wärme will dieses Kellerlokal vermitteln – und beim Eintreten glaubt man, sich angesichts von Bücherregalen, Hausschuhen, Sofas und Spielzeug, sich in der Tür geirrt zu haben. Die Speisekarte folgt dem Prinzip „alles, was schmeckt". Im Sommer locken schöne Plätze im Innenhof, auch zum Frühstück Mo–Fr ab 9 Uhr. 👯 Mit eigenem Spielplatz und Spielzimmer. Abends Reservierung ratsam. *Bolschaja Morskaja Uliza 45 | Tel. 812 4 07 27 02 | Metro 5 Admiralteijskaja | Admiralitätsbezirk | ⚹ G7*

RESTAURANTS €

BARWINOK

Obacht! Ukrainische Hausmannskost ist noch deftiger als russische – Schlüsselzutaten: Speck und Schmand. Ignoriere also besser alles, was du über gesunde Ernährung weißt – und schiebe einfach noch eine Portion *wareniki* zum Nachtisch hinterher. Das kleine Glück auf den langen Holzbänken ist aber nicht leicht zu haben: Der Platz ist knapp und die Speisekarte nur auf Russisch! *Uliza Mira 7 | Tel. 812 2 37 14 94 | Metro 2 Gorkowskaja | Petrograder Seite | ⚹ H2*

DATSCHNIKI

Sowjetischer Retro-Stil ist in Petersburgs Gastronomie gerade total hip. Dieses gemütliche Kellerlokal thematisiert aber nicht die Diktatur, sondern das locker-rustikale Datschalandleben. Entsprechend findet sich auf der Speisekarte die ganze Bandbreite der deftigen russischen Hausmacherküche – von Kohlsuppe bis *kotlet po-kiewski*. *Newski Prospekt 20 | Tel. 812 9 05 44 45 | Metro 5 Admiraltejskaja | Zentralbezirk | ⚹ H6*

GRIZZLY BAR

Warum eigentlich nicht? Russland besuchen – und dann richtig heftig amerikanisch essen. Steaks, solide Burger, üppige Salate und allerlei Tex-Mex-Food machen in der stilechten US-Bar auch ausgehungerte Traveller satt. Darauf einen Pitcher Bier! *Newski Prospekt 96 | Tel. 812 6 77 40 50 | Metro 3 Majakowskaja | Zentralbezirk | K7*

MARKETPLACE

Frisch, fröhlich und farbig gemachtes SB-Restaurant, bei dem man an den Theken den fleißigen Köchen direkt in Töpfe, Pfannen und Woks schauen kann. Das schafft Vertrauen, genauso wie die Beteuerung, viele Zutaten kämen von bodenständigen Zulieferern aus der Umgebung. In der oberen Etage gibt es eine lockere Café-Bar, garniert mit viel Grün. *Newski Prospekt 24 | Metro 2 Newski Prospekt | Zentralbezirk | E5. Filialen: Moskowski Prospekt 21 | Metro 1, 2 Technologitscheski Institut | Zentralbezirk | E3; Nab. Kanala Gribojedowa 8/1 | Metro 2 Newski Prospekt | Zentralbezirk | H6*

SCHTSCHELKUNTSCHIK

Im Souterrain des Hotels Oktjabrskaja versteckt sich diese riesige, aber trotzdem gemütliche *stolowaja* mit üppiger, qualitativ anständiger Auswahl. Der Clou ist die integrierte Minibrauerei, die konkurrenzlos günstig drei süffige Sorten anbietet. *Newski Prospekt 118 | Metro 1 Ploschtschad Wosstanija | Zentralbezirk | L7*

INSIDER-TIPP
Marke Eigenbrau

SULIKO

Für die georgische Küche gilt: Je schwerer die Speise auszusprechen ist, umso leckerer. Probiere *tschakapuli, tschkmeruli* oder *tschaschuschuli* – alles Fleischgerichte, die im Pfännchen brutzelnd serviert werden. Wenn das zu kompliziert ist: Einfach „Schaschlik" sagen, das ist in diesen freundlich-unaufgeregten Lokalen immer eine gute Wahl. Filialen: *Kamenoostrowski Prospekt 14 | Metro 2 Gorkowskaja | Petrograder Seite | G3; Uliza Wosstanija 7 | Metro 3 Gostiny Dwor | Zentralbezirk | L6; Uliza Kasanskaja 6 | Metro 3 Gostiny Dwor | Zentralbezirk | H6*

ZOOM

Entspannter Künstler-und-Hipster-Treff, in dem sich Bücher, Stofftiere, Schachspiele und Topfpflanzen ebenso wohlfühlen wie die Gäste. Die Küche diszipliniert sich mit der Hausregel: Was nicht schmeckt, muss nicht bezahlt werden. Sehr beliebt von früh bis spät, also besser antizyklisch kommen! *Gorochowaja Uliza 22 | Metro 2, 4, 5 Sennaja Ploschtschad/Sadowaja/Spasskaja | Zentralbezirk | G7*

CAMORRA

Lust auf Pizza und Bier? Dann bist du hier richtig, denn was anderes gibt es nicht. Das Bier brauen die Wirtsleute selbst und man sagt, ihre knusprig-kreative Pizza sei die beste der Stadt. Und wie es sich für Szene-Geheimtipps gehört: Von alleine würde man den winzigen Laden im freakig-romantischen zweiten Hinterhof nie finden! *Kowenski Pereulok 14 | Metro 1 Tschernyschewskaja | Zentralbezirk | K–L6*

SHOPPEN & STÖBERN

Gar nicht teuer – und zu Hause kaum zu bekommen – sind russische Waren, was das Stöbern schön exotisch macht: Designermode, Bernsteinschmuck, Taschen, Uhren, Schals, Hüte, Mütze und typisches Kunsthandwerk wie filigran bemalte Lackdosen. In einer Kulturmetropole wie Petersburg lohnt es sich auch, nach Arbeiten einheimischer Künstler Ausschau zu halten! Insgesamt ist das Konsumangebot für Shoppingfans jedoch nicht direkt berauschend, zudem dominieren ausländische Marken – zu Preisen, die in der Regel höher sind als daheim. Schnäppchen sind selten, denn in den

Schlemmertempel Jelissejew

Boutiquen und City-Einkaufscentern geht es mondän zu. Kunden-freundlich sind die Öffnungszeiten: Es wird zwischen 9 und 11 Uhr geöffnet und ohne Mittagspause bis 19 oder 22 Uhr durchgearbeitet. Sonntags haben – mit Ausnahme mancher Fachgeschäfte – fast alle Läden geöffnet, wenngleich oft etwas kürzer. Auch die lebhaften Märkte arbeiten täglich von 8 bis 19 Uhr. Und viele Supermärkte, aber auch kleinere *produkty*-Lebensmittelläden und selbst manche Apotheken und Buchläden sind rund um die Uhr geöffnet! Alkohol darf allerdings von 22 bis 11 Uhr nicht verkauft werden.

Bolshaya Zelenina Street
большая Зеленина улица

Malyy Prospekt P.s
Малый проспект П.С.

Kamennoostrovskiy Ave.

Petrogradskaya

Chkalovskaya

PETROGRADSKAYA
ПЕТРОГРАДСКАЯ СТОРОНА

Bolshoy Prospekt (Petrograd Side) Большой проспект П.С.

Bolshaya Pusharskaya Street
большая Пушкарская улица

Kronverkskiy Avenue
Кронверкский проспект

Каменноостровский проспект

Gor'kovskaya
Alexander Park

Troitsky Bridge Троицкий мост

PETROGRADER SEITE

Zwischen Boutiquen-Boulevard und buntem Markt

Tuchkov Bridge
Тучков мост

Malaya Neva
Malaya Neva

Makarova Embankment
набережная Макарова

Kadetskaya Line Кадетская линия В.О
1st Line 1-я линия В.О.

RUND UMS GOSTINY DWOR

Dezenter Kommerz in ehrwürdigen Newski-Bauten

Marsovo Pole

University Embankment
Университетская набережная

Neva

Nevsky Prospect

Gostiny Dwor ★

Nevskiy Prospect

Gostiny Dvor

Gorokhovaya Street Гороховая улица

English Embankment
Университетская набережная

ADMIRALTEISKI
АДМИРАЛТЕЙСКИЙ Р-Н

Russkije Tschasy ★

AM HEUPLATZ

Für Billig-Alltägliches oder Bio-Alternatives

Moika

Sadovaya

Spasskaya

Sennaya Ploshchad

Voznesenskiy Ave. Вознесенский проспект

Садовая улица

Glinki Street
улица Глинки

500 m
547 yd

KOLOMNA
КОЛОМНА

Sadovaya Street

Fontanka

River Embankment
набережная реки Фонтанки

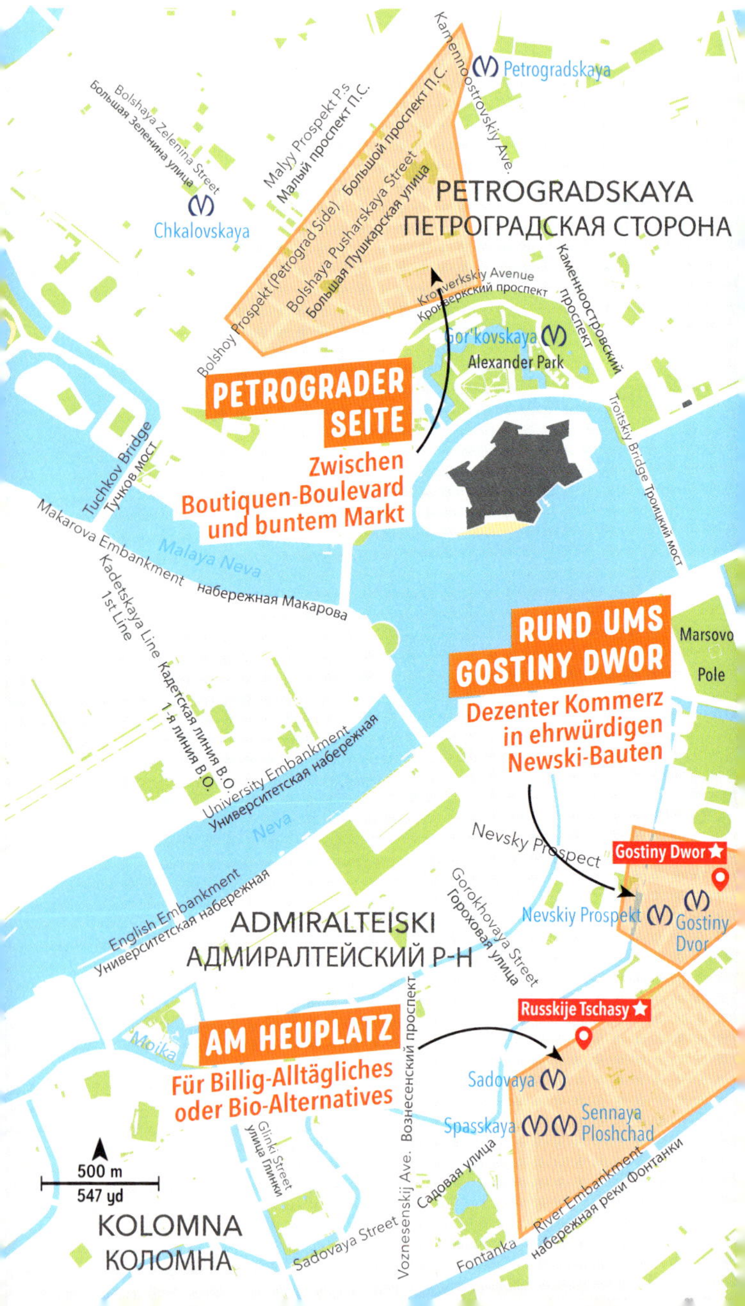

MARCO POLO HIGHLIGHTS

★ **GOSTINY DWOR**
250 Jahre alt und auf jeder Etage 1 km
Platz zum Shoppen ➤ S. 92

★ **TATYANA PARFIONOVA**
Die Grande Dame der Petersburger Mode –
ein Besuch hier ist Pflicht ➤ S. 94

★ **IMPERATORSKI FARFOR**
In der geschichtsträchtigen
Porzellanmanufaktur ➤ S. 95

★ **RUSSKIJE TSCHASY**
Denn einen Kosmonauten-Chronometer
hat nicht jeder! ➤ S. 95

Botkinskaya Street
Боткинская улица

Pirogovskaya Embankment
Пироговская набережная

Komsomol Street   улица Комсомола

Sverdlovskaya Embankment
Свердловская набережная

Arsenal'naya Naberezhnaya
Арсенальная набережная

Smol'naya Embankment
Смольная набережная

Neva

Voskresenskaya Embankment
Воскресенская набережная
Shpalernaya Street

Шпалерная улица

Tauride Garden

AM MOSKAUER BAHNHOF

Bummeln durch riesige Malls und kleine Shops

Kirochnaya Street
Кирочная улица

Литейный проспект

PESKI
ПЕСКИ

Moiseenko Street
улица Моисеенко

Fontanka

Liteyniy Avenue

ZENTRALNY
ЦЕНТРАЛЬНЫЙ РАЙОН

Zhukovskogo Street
улица Жуковского

Suvorovsky Avenue   Суворовский проспект

📍 Imperatorski Farfor (Newski Prospekt 60) ★

Невский проспект

📍 Tatyana Parfionova ★

Ⓜ Ploschad' Vosstaniya

📍 Imperatorski Farfor (Wladimirski Prospekt) ★

ALTER NEWSKI

Die Achse der Nobelmarken

APRAKSIN DVOR Ⓜ Mayakovskaya
АПРАКСИН ДВОР

Ⓜ Dostoyevskaya

St. Petersburg Glavny

📍 Imperatorski Farfor
(Newski Prospekt 92) ★

Sinopskaya Embankment
Синопская набережная

Ⓜ Vladimirskaya

Pravdy Street
улица Правды

Ligovsky Avenue   Лиговский проспект

Nevsky Avenue   Невский проспект

Ploschad' Alexandra Nevskogo-1 Ⓜ

ANTIQUITÄTEN

SOKROWISCHTSCHA PETERBURGA

In der honorigen „Petersburger Schatzkammer" wartet fein restauriert und auf Hochglanz poliert der Hausrat aus einstigen Adels- und Großbürgerwohnungen auf potente Liebhaber – Kaufen ist kein Muss, anschauen schon. *Wladimirski Prospekt 4 | Metro 3 Majakowskaja | Zentralbezirk | ⚎ K6*

ANTIKWARIAT

Du bist auf der Suche nach exotischem Kleinkram wie einer Gorki-Büste oder sowjetischem Weihnachtsbaumschmuck? Dieser kleine Trödlerladen im Hinterhof kann helfen! *Newskij Prospekt 51 | Metro 3 Majakowskaja | Zentralbezirk | ⚎ K7*

WOHIN ZUERST?

Am quirligen Mittelabschnitt des **Newski Prospekt** steht das ehrwürdige Kaufhaus **Gostiny Dwor** *(⚎ J6)*, gegenüber liegen die beiden Passagen **Passach** und **Grand Palace**. Zwischen ihnen: das rund um die Uhr geöffnete Bücherkaufhaus **Bukwojed**. In Entdeckerlaune? Dann bummel schräg hinter dem **Gostiny Dwor** durch das Basar-Viertel **Apraxin Dwor** bis zum *Heuplatz (Sennaja Ploschtschad)* mit zwei Shopping-Malls und einem Markt. *Anfahrt: Metro 2, 3 Newski Prospekt, Gostiny Dwor*

BERNSTEIN

95 Prozent der weltweiten Bernsteinvorkommen liegen im russischen Kaliningrad. Und Petersburg als Heimat des rekonstruierten Bernsteinzimmers verfügt über die beste Werkstatt zur Verarbeitung. Einige Objekte bietet jeder Souvenirladen, eine wirklich gute Auswahl gibt es im *Museumsshop des Katharinenpalastes in Zarskoje Selo* (s. S. 64) oder im *Amber Palace (Nabereschnaja reki Moiki 35 | Metro 5 Admiraltejskaja | Zentralbezirk | ⚎ H5)* nahe der Eremitage. Und nicht wundern: Manche große Bernsteinshops lassen nur (chinesische) Reisegruppen ein – stehen dafür aber auch im Ruf, Nepper zu sein!

BÜCHER

BUKWOJED

Nicht von ungefähr trägt dieser 24-Stunden-Buchladen den stolzen Beinamen „Park der Kultur und des Lesens". Das Angebot an Russischem ist riesig, es finden sich aber auch Schreibwaren, Poster und fremdsprachige Petersburg-Literatur. *Newski Prospekt 46 | Metro 2, 3 Newski Prospekt, Gostiny Dwor | Zentralbezirk | ⚎ J6*

HAUS DES BUCHES (DOM KNIGI)

Eine Petersburger Institution – wenngleich das prägnante Jugendstilhaus 1902–04 vom US-Nähmaschinenhersteller Singer gebaut wurde. Der dreistöckige Buchladen ist auch bei Postkarten, Bildbänden, Stadtplänen und Petersburg-Literatur (auch auf Deutsch) gut sortiert. *Newskij Pros-*

pekt 28 | Metro 3 Gostiny Dwor | Zentralbezirk | ⏻ H6

DELIKATESSEN

CAVIAR

Russlands erstes Fachgeschäft für schwarzen Kaviar führt die Ware von acht Störzucht-Firmen. Sie stammt aus Aquakulturen, schließlich besteht ein striktes Fangverbot. *Newski Prospekt 35, im Gostiny Dwor, Newski-Seite, EG | Metro 2, 3 Newski Prospekt, Gostiny Dwor | Zentralbezirk | ⏻ H–J6*

JELISSEJEW

Der Schlemmertempel der Gebrüder Jelissejew ist seit der Eröffnung 1902 ein Pflichtstopp: In dem üppig ausstaffierten, hohen Jugendstil-Verkaufsraum wartet feinstes Naschwerk wie etwa die hauseigene Schokolade, Zedernmarzipan-Pralinen oder die beliebten bunten Macarons. Man kann im Verkaufssaal auch einen Kaffee oder Imbiss serviert bekommen, **aber bedeutend ruhiger geht dies eine Etage tiefer, im *Sklad No.5* – einem kleinen Lokal im einstigen Weinkeller.** *Newski Prospekt 56 | Metro 3 Gostiny Dwor | Zentralbezirk | ⏻ J6*

INSIDER-TIPP
Fein speisen im alten Weinkeller

DROGERIE

SELJONY MAGASIN

Gute Drogeriemärkte sucht man in Russland vergebens. Umso interessanter ist dieser Bio-Laden mit umwelt- und körperfreundlichen Pflegeprodukten und Kosmetik. Im Angebot

Lecker und aus Aquakultur: das schwarze Gold der Caviar Boutique

sind auch viele russische Waren, von denen nicht wenige auf der Pflanzenvielfalt Sibiriens und alter russischer Kräuterheilkunde beruhen. *Gorochowaja Uliza 49 | Metro 2, 4, 5 Sennaja Ploschtschad/Spasskaja/Sadowaja | Zentralbezirk | ⏻ H7*

KAUFHÄUSER & SHOPPINGMALLS

DLT

So elegant wie das Gebäude ist auch das Angebot: Die Filiale des Moskauer Luxus-Kaufhauses ZUM residiert in einem nobel sanierten, fünfstöckigen Jugendstil-Shoppingtempel. Kein Ort für Schnäppchenjäger! *Bolschaja Konjuschennaja Uliza 21–23 | Metro 3 Gostiny Dwor | Zentralbezirk | ⏻ H6*

Neue Energie für Stadtbummler: Vitamine tanken in der Markthalle Kusnetschny Rynok

GOSTINY DWOR ★ ☂

In Petersburgs zentralem Kaufhaus (s. S. 38) gibt es keine Logik, wo welche Waren zu finden sind. So wandert man an Boutiquen, gut sortierten Selbstbedienungsabteilungen und altbackenen Verkaufstheken vorbei. Leicht zu übersehen ist der Shop von *Tschary Kamnej,* der hochwertige Juwelierarbeiten aus Edelmetall und feinen Steinen, ausschließlich aus Petersburger Meisterhand, anbietet *(auf Seite der Sadowaja Uliza, im Obergeschoss).* Ganz in der Nähe ist auch der *Freedom Store,* der zu fairen Preisen über 20 einheimische Modelabels führt, teils extravagant, teils alltagstauglich. Und auf der Newski-Seite gibt es im Erdgeschoss Abteilungen mit klassischen Russlandsouvenirs – schund- und kitschfrei. *Newskij Pros-*

INSIDER-TIPP
Ein Juwel im Karree

INSIDER-TIPP
Russisches Mode-Design

pekt 35 | Metro 2, 3 Newski Prospekt, Gostiny Dwor | Zentralbezirk | ▢ H6

PASSASH ☂

Die elegante Passage ist dem Moskauer GUM ähnlich: Glasdach, Fußgängerbrücke in der oberen Etage und Kachelboden fast wie 1890. Neben Kleidung, Schuhen und Kosmetik gibt es Souvenirs, Taschen, Schmuck, Kunsthandwerk. *Newskij Prospekt 48 | Metro 2, 3 Newski Prospekt, Gostiny Dwor | Zentralbezirk | ▢ J6*

NEVSKIJ ZENTR ☂

Das einzige Kaufhaus westlichen Typs am Newski Prospekt teilt sich eine schicke Shoppingmall mit 80 Läden. *Newskij Prospekt 116 | Metro 1 Ploschtschad Wosstanija | Zentralbezirk | ▢ L7*

GALEREJA ☂

Bombastischer lässt sich Shopping kaum inszenieren: Die Mega-Mall am

Moskauer Bahnhof spart nicht mit Goldfarbe und Platz, um auf vier Etagen ca. 300 Geschäfte, acht Restaurants, diverse Cafés und Imbisse sowie ein Kinocenter unterzubringen. An den Wochenenden ist es hier proppenvoll. *Ligowski Prospekt 30 | Metro 1 Ploschtschad Wosstanija | Zentralbezirk | ⊞ L7*

KUNST & DESIGN

ART GALLERY GILDIJA MASTEROW
Hier gibt es Werke anerkannter Petersburger Maler zu kaufen – oder auch anzuschauen. *Newski Prospekt 82 | Metro 3 Majakowskaja | Zentralbezirk | ⊞ K6*

ARTMUSA
Zehn Galerien und viele Künstlerateliers und Studios füllen vier Stockwerke einer ehemaligen Fabrik, neben Bildern kann man auch originelle Kinderkleidung oder Notizbuchunikate aufstöbern. *13. Linie 70 | Metro 3 Wassileostrowskaja | Wassili-Insel | ⊞ D5*

PERINNYJE RJADI
Wenn das Souvenir ein Unikat sein soll: Diese stöberfreundliche Passage neben dem Gostiny Dwor versammelt im Obergeschoss kleine Galerien und Kunstläden, aber auch Trödler, Boutiquen und Designgeschäfte. *Dumskaja Uliza 4 | Metro 2 Newski Prospekt | Zentralbezirk | ⊞ H6*

TSCHERDAK CHUDOSCHNIKA
Originelle Glaskunstobjekte, aber auch künstlerisch angehauchte Geschenke aus Stoff oder Pappmaché.

Im dritten OG (ohne Lift!) versteckt sich – samt verglastem Balkon – eine romantische Fondue-Bar. *Uliza Lomonossowa 1 | Metro 2 Newski Prospekt | Zentralbezirk | ⊞ H6*

MÄRKTE

APRAXIN DWOR
Achtung, Kulturschock! Im Gewimmel auf den Gassen zwischen 40 Lagerhäusern aus dem 19. Jh. wird gedrängelt, geflucht, gerne in fremde Taschen gegriffen – und gehandelt: vor allem mit Schuhen, Kleidung und Kleinkram. Kleine Läden flankieren die Orientbasar-Idylle auf der Straßenseite, etwa *Nice Furs*, wo es echte russische Pelzmützen garantiert ohne Touristenaufpreis gibt. *Uliza Sadowaja 28–30 | Metro 2, 4, 5 Sennaja Ploschtschad/Sadowaja/Spasskaja | Zentralbezirk | ⊞ H7*

FLOHMARKT
Krimskrams aus Sowjet- oder Zarenzeit: Petersburgs einziger Flohmarkt zieht sich 500 m an einer Bahnlinie entlang. Wer gute Funde machen will, sollte früh kommen – und feilschen! *Sa/So ca. 9–15 Uhr | Fermskoje Chaussee | Metro 2 Udelnaja (nach dem Bahnübergang gleich rechts) | Primorski-Bezirk | ⊞ 0*

KUSNETSCHNY RYNOK
Die Markthalle an der Wladimir-Kathedrale füllen Berge aus Obst und Gemüse, aber auch Dörrobst oder Gewürze. Bei den Honigverkäuferinnen darf man probieren, sollte dann aber fairerweise auch kaufen! *Kusnetschny Pereulok 3 | Metro 1 Wladimirskaja | Zentralbezirk | ⊞ K7*

SOUVENIR MARKT

Kühlschrankmagnete, Baseballcaps und Kaffeepötte, die überall auf der Welt gleich aussehen, dominieren diesen Straßenmarkt. Dazu kommen urrussische Gag-Waren wie Putin-T-Shirts, neonfarbene Fellmützen oder Merkel-Matrioschkas. *Nabereschnaja Kanala Griboedowa 2 | Metro 3 Gostiny Dwo | Zentralbezirk | ⌑ H5-6*

SYTNY RYNOK

Petersburgs ältester Markt verfügt über eine schöne Markthalle mit üppigem Frischangebot. Und davor gibt es noch den früher für russische Märkte typischen Mix aus Buden und Kiosken, in denen auch Schuhe, Putzmittel oder Wasserhähne verkauft werden. *Ploschtschad Sytinskaja 3 | Metro 2 Gorkowskaja | Petrograder Seite | ⌑ G3*

TATYANA PARFIONOVA ★

Der Laden ist Pflicht für Fashionfreaks, denn die Parfionova ist die einzige Modeschöpferin Petersburgs, die es zu internationalem Ansehen gebracht hat. Auffallen um jeden Preis ist nicht ihr Stil – eher kunstvoll elegante Lösungen für Business und Abendevents. *Newskij Prospekt 51 | parfionova.ru | Metro 3 Majakowskaja | Zentralbezirk | ⌑ K6*

PRJALKA

Wollig warme Kinderkleidung und feder-leichte Tücher aus Ziegenwolle (anderswo nennt man das Material Kaschmir) aus Orenburg oder Wolgograd kosten hier weniger, als man fürchtet. *Puschkinskaja Uliza 10 | Metro 3 Majakowskaja | Zentralbezirk | ⌑ K7*

INSIDER-TIPP
Halswärmer aus der eisigen Steppe

MODE

CHAPEAULÉ

Dieser auf Kopfbedeckungen spezialisierte Laden bietet russische und importierte Hüte, Kappen und Mützen in solider Qualität und großer Auswahl. *Newskij Prospekt 184 | Metro 3, 4 Ploschtschad Alexandra Newskogo | Zentralbezirk | ⌑ M8*

RUSSKI LJON

Russisches Leinen – der Name der Ladenkette ist Programm: Flachsgewebe waren in Russland verbreitet. Aus dem ökologisch verträglichen Material gibt es modische Kleidung für sie, ihn und das Kind sowie Bett- und Tischwäsche. *Uliza Puschkinskaja 3 | Metro 3 Majakowskaja | Zentralbezirk | ⌑ H6*

MUSIK

OTKRYTY MIR

Klassische Musik steht im Mittelpunkt, Jazz, russische Volks- und Kirchenmusik und alte Schlager ergänzen das Angebot. Wer Aufnahmen russischer Komponisten oder Interpreten sucht, wird hier fündig. *Newski Prospekt 32, im Hof links neben der Kirche | Metro 2 Newski Prospekt | Zentralbezirk | ⌑ H6*

PLAY

Schöne Plattenläden wie dieser sind selten geworden. Hier gibt es ein interessantes Angebot auf Vinyl, CD und DVD, Schwerpunkt: Rock und Blues. *Karawannaja Uliza 1 | Metro 3 Gostiny Dwor | Zentralbezirk | ⌑ J6*

Mode made in St. Petersburg gibt es bei Tatyana Parfionowa

PORZELLAN

IMPERATORSKI FARFOR (KAISERLICHES PORZELLAN) ★

Die Gedecke der 1744 gegründeten Petersburger Porzellanmanufaktur waren zur Zarenzeit international begehrt. Auch heute wird die Manufaktur mit dem Markenzeichen des blau-goldenen Kobaltnetz-Dekors dem alten Anspruch gerecht: Der Shop bietet edelste Geschirre für mehrere Tausend Euro oder filigran bemalte Sammeltassen für einige Hundert Euro. Zudem gibt es Nippes, (gute) Souvenirtassen und Avantgardedesigns aus den 1920er-Jahren. Filialen: *Newski Prospekt 60 | Metro 3 Gostiny Dwor | Zentralbezirk | 📍 J6; Newski Prospekt 92 | Metro 3 Majakowskaja Zentralbezirk | 📍 K6; Wladimirski Prospekt 7 | Metro 2, 4 Wladimirskaja, Dostojewskaja | Zentralbezirk | 📍 K7 | ipm.ru*

UHREN

RUSSKIJE TSCHASY ★

Kenner und Sammler lieben russische Armbanduhren. Dieses Geschäft führt nur einheimische Chronometer. *Gorochowaja Uliza 34 | Metro 2, 4, 5 Sennaja Pl./Spasskaja/Sadowaja | Zentralbezirk | 📍 H7*

SPIELZEUG

TOY & HOBBY 🎭

Das Modellbau-Fachgeschäft lockt mit hübsch und hochintelligent gemachten Kartonbausätzen der Petersburger Firma Umbum ("kluges Papier"): leicht, flach, günstig – das ideale Mitbringsel für große und kleine Kinder. *Kronwerkski Prospekt 47 | Metro 2 Gorkowskaja | Petrograder Seite | 📍 G3*

INSIDER-TIPP
Traumwelten, aus Karton gebastelt

AUSGEHEN & FEIERN

Tagsüber Baudenkmäler und Museen, am frühen Abend ein Konzert und nachts noch endlos Barhopping ohne Sperrstunde: Ein ausgefüllter Tag in Russlands Kulturhauptstadt kann ganz schön anstrengend werden!

Denn in St. Petersburg sollte man das ebenso niveauvolle wie vielfältige Angebot an klassischer Musik, Oper und Ballett nicht an sich vorbeiziehen lassen. Petersburg ist aber nicht nur ein Ort üppig-klassizistischer Bühnenbauten: In Heizkellern und Hinterhöfen wurde in den 1980er-Jahren der Ruf der Stadt als Heimat des russischen

Feurige Stimmung: Gaukler am Newa-Ufer

Rocks geboren. Die großen Untergrundstars von damals, Boris Grebentschikow („Aquarium"), Juri Schewtschuk („DDT") oder die Band „Auktyon" stehen heute aber im Schatten der auch schon 1997 vom rabaukigen Superstar Sergej Schnurow gegründeten Kultgruppe „Leningrad". Trotz aller Kommerzialisierung ist Petersburgs Musikszene quicklebendig. Livekonzerte und DJ-Partys finden fast immer in einem *klub* statt – ein ähnlich diffuser Begriff wie *kafe* in der Gastronomie: *klubs* können kleine, schräge Bars, schrottige Livekeller oder noble Diskos sein.

WO ST. PETERSBURG AUSGEHT

KONJUSCHENNAJA PLOSCHTSCHAD 2

Nachtaktives Leben im alten Zarenfuhrpark

DUMSKAJA ULIZA

Ungeschminkte Partyzone mit kleinen Bars, billigem Bier und lauter Musik

GOROCHOWAJA ULIZA

An der „Erbsenstraße" gedeiht die grün-alternative Szene

MARIINSKI-THEATER

Olymp der Oper und Mekka des Balletts

Mariinski-Theater

ADMIRALTEISKI
АДМИРАЛТЕЙСКИЙ Р-Н

KOLOMNA
КОЛОМНА

Neva

Kadetskaya Line
1st Line
Кадетская линия В.О.
1-я линия В.О.

University Embankment Университетская набережная

Blagoveschensky Br.
Благовещенский В.
Дворцовый мост

English Embankment

Admiralty Embankment
Адмиралтейская набережная

Aleksandrovsky Sad

Moika

Gorochovaya Street

Voznesenskij Avenue
Вознесенский проспект

улица Декабристов

Sadovaya

Dekabristov Street

Glinka Street
улица Глинки

Lermontovskiy Avenue
Лермонтовский проспект

Sadovaja Street
Садовая улица

Yusupov gardens

Moskovskiy Avenue

Fontanka

MARCO POLO HIGHLIGHTS

★ **DJUNY**
Petersburgs einziger Sandkasten mit Alkoholausschank und DJ-Pult ➤ S. 100

★ **PHILHARMONIE (GROSSER SAAL)**
Pilgerstätte für Klassikfreunde – Kunst zwischen korinthischen Marmorsäulen ➤ S. 104

★ **GRIBOJEDOW**
Underground im wahrsten Sinne des Wortes – schließlich geht es in einen Bunker unter die Erde ➤ S. 105

★ **MARIINSKI-THEATER**
Der Olymp der russischen Oper ist weltberühmt ➤ S. 106

ULIZA BELINSKOGO UND GOLIZYN LOFT

Absturzgefahr im Bermuda-Dreieck an der Fontanka!

ZWISCHEN SCHUKOWSKOGO UND NEKRASSOWA

Im neuen In-Viertel boomen die Bars – auch in den Hinterhöfen.

ULIZA RUBINSTEJNA

DIE Ausgehmeile mit 60 Lokalen auf 750 Metern. Noch Fragen?

Shpalernaya Street Шпалерная улица

набережная Кутузова

Kutuzov Embankment

Troitsky Bridge
Троицкий мост

Marsovo

Letnij
Sad

Pole

Minajlovskij
Sad

Kirochnaya Street
Кирочная улица

ZENTRALNY
ЦЕНТРАЛЬНЫЙ РАЙОН

Zhukovskogo Street улица Жуковского

Philharmonie (Großer Saal) ★

ст Невский

Gostiny Dvor

Nevskiy
Prospekt

Садовая улица

проспект

Liteyniy Avenue
Литейный проспект

Nevsky Ave
Невский
просп

St. Petersburg
Glavny

Dostoyevskaya

Fontanka River Embankment
набережная реки Фонтанки

APRAKSIN DVOR
АПРАКСИН ДВОР

Ligovsky Avenue
Литовский проспект

Djuny ★

Гороховая улица

Загородный проспект

Pravdy street
улица Правды

Zagorodnyy
Avenue

Gribojedow ★

Obvodny Channel Embankment
набережная Обводного канала

Obwodny Channel

500 m
547 yd

Nach interessanten Events kannst du dich auf *bileter.ru, spb.kassir.ru* umschauen, ebenso wie an der zentralen Theaterkasse. Die liegt gegenüber dem Gostiny Dwor *(tgl. 9–22 Uhr | Newski Prospekt 42)*.

Karten für die Philharmonie und das Mariinski-Theater gibt es allerdings nur bei diesen Häusern selbst. Von Premieren und Auftritten internationaler Größen einmal abgesehen, sind Konzert- und Theaterkarten vergleichsweise günstig. Dies gilt jedoch nicht für das Mariinski- und das Eremitage-Theater, wo von Ausländern meist deutlich erhöhte Eintrittspreise (plus 10 bis 80 Prozent) verlangt werden. Zwar kann man zunächst eine billige Karte erwerben. Dann aber mit der „Russen-Karte" den geschulten Blick der Kartenabreißerinnen auszutricksen und als Einheimischer durchzugehen, ist weit schwieriger als gedacht! Und Obacht: Im Spätsommer haben die großen Häuser spielfrei. Wird dort dann das Ballett „Schwanensee" gegeben, sind zweitklassige Gastensembles einzig zur Beglückung ahnungsloser Touristen am Werk!

BARS

DJUNY ⭐

Liegestuhl, Lagerfeuer und Tischtennis: Die winterfeste, doppelstöckige Strandbar namens „Dünen" befindet sich in einem ebenso coolen wie originellen Lagerhausareal am Moskauer Bahnhof – reichlich Sand vor dem Haus inklusive. Die DJ-Bar ist zugleich ein guter Ausgangs- bzw. Chillout-Punkt für gehfaule Clubhopper: In diesen Höfen ist mit (nicht immer langlebigen) Szeneclubs wie *Yaschik, 1703* oder *Poison* mächtig was geboten. *Di–So ab 16 Uhr bis zum letzten Gast | Ligowski Prospekt 50, von der Toreinfahrt aus etwa 200 m geradeaus | Metro 2 Ploschtschad Wosstanija | Zentralbezirk | 🗺 L8*

FIDEL

Immer volle, trashige DJ-Bar – und zudem ein Klassiker des Bar-Clusters in den uralten Ladenarkaden neben dem Gostiny Dwor. Ein Drink hier ist der ideale Einstand zum Szene-Hopping, denn auf den nächsten paar Metern geradeaus und um die Ecke kommt ein knappes Dutzend weiterer Klubs und Kneipen! *Tgl. 18–6 Uhr | Dumskaja Uliza 9 | Metro 2 Newski Prospekt | Zentralbezirk | 🗺 H6*

WOHIN ZUERST?

Erst in den letzten Jahren hat sich die **Uliza Rubinstejna** (🗺 *J–K7*) zur zentralen – und entsprechend lebhaften – Ausgehmeile gemausert: Auf 750 m gibt es über 50 Lokale! Zwischen all den Bars, Clubs und Restaurants jeder Couleur und Preisklasse findet sich deshalb bestimmt etwas nach deinem Geschmack. Wer es gern undergroundig-trashig mag, sollte die alten Arkaden an der Ecke der **Uliza Dumskaja** zur **Uliza Lomonossowa** (🗺 *H6*) aufsuchen. *Anfahrt mit den Metro-Linien 1 und 4 Wladimirskaja, Dostojewskaja*

An der Ausgehmeile Uliza Rubinstejna sind die Weißen Nächte am abwechslungsreichsten

I'M THANKFUL FOR TODAY

Kleine Eckbar mit gutem Essen, guter Musik und relaxter Stimmung. Es geht sehr eng zu, deshalb sind im Sommer die besten Plätze auf den Fensterbrettern – mit Kanalblick und den Füßen auf dem Trottoir. *Mo–Sa ab 10, So ab 11, So–Do bis 1, Fr/Sa bis 2 Uhr | Gorochowaja Uliza 24 | Metro 2, 4, 5 Sennaja Ploschtschad/Spasskaja/ Sadowaja | Zentralbezirk | ⬚ H7*

LABORATORIA 31

Bereit für ein Experiment? Da der gro-

INSIDER-TIPP
Cocktails aus dem Chemie-baukasten

ße Chemiker Mendelejew nicht weit von hier wirkte, gibt es in der Schwarzlichtbar grellbunte Drinks aus Reagenzgläsern und qualmende Cocktails aus Erlenmeyerkolben. Dazu

Party: Ab 19.30 Uhr legen DJs auf, eine Stunde später kommen die Go-go-Girls. *Tgl. 15–6 Uhr | Gorochowaja Uliza 31 | Tel. 981 7 37 35 55 | Metro 2, 4, 5 Sennaja Ploschtschad/Spasskaja/ Sadowaja | Admiralitätsbezirk | ⬚ H8*

PURGA

In dem schrägen Kellerlokal feiert man jeden Tag um Mitternacht Neujahr. Spröde Seelen sind hier falsch! Tischreservierung empfohlen! *Tgl. 16 Uhr bis zum letzten Gast | Nabereschnaja reki Fontanki 11 | Tel. 812 5 70 51 23 | Metro 3 Gostiny Dwor | Zentralbezirk | ⬚ J6*

STIRKA 40°

Kultige DJ-Kneipe für ein junges, internationales Publikum. Dabei dreht sich hier nicht nur der Plattenteller, sondern auch <mark>im Hinterzimmer auch ein paar Wasch-maschinen und Trockner. Denn im Nebenjob ist die Bar Waschsalon.</mark>

Gelegentlich Livegigs. *Tgl. 11–24, Fr/Sa bis 4 Uhr | Kasanskaja Uliza 26 | Tel. 812 3 14 53 71 | Metro 2, 4, 5 Sennaja Ploschtschad/Spasskaja/Sadowaja | Admiralitätsbezirk | ▥ G7*

ORTHODOX

Der perfekte Einstieg in die Barmeile Rubinsteijna: In dieser alkoholpatriotischen Innenhofbar wird stilvoll bewiesen, dass man aus Russlands Weihwasser namens Wodka weit mehr Segen als nur einen schnellen Rausch rausholen kann: Die kunstvollen gemischten kreativen Cocktails heißen nach Werken russischer Klassiker und animieren aromatisch, beispielsweise mit Buchweizenbrand, Sanddorn oder Wacholder, urrussische Geschmacksknospen. Selbst der Wein auf der Karte ist nicht importiert. *Tgl. 12–2, Fr/Sa bis 4 Uhr | Uliza Rubinsteijna 2 | Tel. 812 9 28 02 21 | orthodox.bar | Metro 3 Majakowskaja | Zentralbezirk | ▥ K6*

TESLA BAR

Nö, mit schnieken Stromschlitten hat man hier nichts am Hut, so was findet auf der immer vollen Rubinsteijna eh keinen Parkplatz. In dieser lockeren Bar geht's im Geiste von Nikola Tesla, dem leicht verschrobenen Elektropionier, mit steampunkiger Hardware-Deko eher zurück in die Zukunft. Akustisch dominieren House und

Kneipe mit Nebenjob: Im Stirka 40° kann man auch seine Wäsche waschen

Techno, alkoholisch Shots und Cocktails. *Tgl. 12–6 Uhr | Uliza Rubinsteijna 30 | Tel. 812 9 42 76 51 | Metro 1,4 Wladimirskaja/Dostojewskaja | Zentralbezirk | ⌑ J7*

NACHTCLUBS

ROSSI'S CLUB
Tagsüber ein Kellerrestaurant, am Wochenende eine typische russische Disko: Sie kostet Eintritt, aber die ☎ Preise für Drinks und Essen sind sehr fair. Mainstreammusik. *Mo–Mi 8–18, Do/Fr 8–6, Sa 18–7 Uhr | Uliza Sodtschego Rossi 1 | 0–500 Rbl | Tel. 812 7 10 40 16 | rossis.ru | Metro 3 Gostiny Dwor | Zentralbezirk | ⌑ J7*

SSSR BAR
Karaoke, Disko und reichlich Drinks bestimmen den Ablauf der Partynacht in diesem turbulenten, jugendlichen Etablissement. Der Abend beginnt erst um 22 Uhr, aber dafür gehen die DJs, Go-go-Girls und -Jungs umso heftiger ans Sache. Entspannen darf man sich dann im Wasserpfeifenkabinett. *Tgl. 22–6 Uhr | Uliza Lomonossowa 2 | Eintritt frei | Metro 2, 3 Newski Prospekt, Gostiny Dwor | Zentralbezirk | ⌑ H6*

STACKENSCHNEIDER UND TANZPLOSCHTSCHADKA
Zwei Rave-Venues mit ein und derselben Adresse: dem grungigen Innenhoflabyrinth des ehemaligen Fuhrparks des Zarenhofes am Stallplatz, wo sich noch ein paar mehr Clubs und Bars einquartiert haben. Denen überlässt man das (Werk-)Tagesgeschäft,

hier wird nur am Wochenende nachts aufgedreht. Aber richtig. *Fr/Sa 23–8 Uhr | Konjuschennaja Ploschtschad 2 | Eintritt frei | Metro 3 Gostiny Dwor | Zentralbezirk | ⌑ H5*

JAZZ

DOM 7
Eine Jazzkneipe ohne elitäre Allüren – mitten im nobelsten City-Umfeld: In dem rustikalen Lokal gibt es schon mittags günstiges, herzhaftes Essen, man darf tanzen, still an der Theke andocken oder vom Innenbalkon Tänzer und Musiker gelassen beobachten. Tischbestellung empfohlen. *So–Do 12–24, Fr/Sa bis 2, Live-Bands tgl. 21.30, Fr/Sa auch 23.30 Uhr | Nabereschnaja kanala Gribojedowa 7 | Eintritt frei | Tel. 812 3 14 82 50 | Metro 3 Gostiny Dwor | Zentralbezirk | ⌑ H5*

JAZZ-PHILHARMONIE
Die Jazz-Philharmonie ist das Kind des Petersburger Jazzmusikers David Goloschjokin. Sie verfügt über zwei Säle für 200 und für 40 Gäste. Zur mainstreamig-lockeren Musik wird an den Tischen Essen serviert. Jeden Samstagabend gibt es wunderbar altmodischen Jazz-Schwof mit „Leningradski Dixieland": Die Combo existiert schon seit 60 Jahren. Karten faktisch nur im Vorverkauf erhältlich, am besten frühzeitig online kaufen! *Kasse tgl. 14–20 Uhr | Sagorodny Prospekt 27 | 1200–2000 Rbl | Tel. 812 7 64 85 65 | jazz-hall.ru | Metro 5 Swenigorodskaja | Zentralbezirk | ⌑ J8*

INSIDER-TIPP
Retrojazz made in USSR

Im Bunker unterm Glaspavillon des Griboedov Hill tobt der Underground

JFC JAZZ CLUB

Erste Adresse für innovativen Quali-
tätsjazz aller Stilrichtungen. Vorab-
Kartenkauf und Tischreservierung
über die Website dringend empfoh-
len! *Tgl. 19–23 Uhr | Schpalernaja Uli-
za 33 | 500–1200 Rbl | Tel. 812
2 72 98 50 | jfc-club.spb.ru | Metro 1
Tschernyschewskaja | Zentralbezirk |
K4*

KLASSIK

KAPELLA

Neben dem Schlossplatz liegt der
bildschöne Konzertsaal, früher Teil
des Zarenhofs. Hier treten nicht nur
Sinfonieorchester und Organisten
auf, es werden auch Chor- und Kam-
mermusikkonzerte gegeben. *Nabe-
reschnaja reki Moiki 20 | 200–4000
Rbl | Tel. 812 3 14 10 58 | capella-spb.
ru | Metro 3 Gostiny Dwor | Zentralbe-
zirk | H5*

KONZERTSAAL DES
MARIINSKI-THEATERS

2007 bekam das Mariinski-Theater ein
zweites Haus – noch vor dem Projekt
des „Mariinski-II"-Neubaus neben
dem Hauptgebäude: ein für seine
Akustik hochgelobter Konzertsaal mit
zentraler Bühne und 1100 Plätzen errichtet. Hier werden auch halbszeni-
sche Opern und Kinofilme mit Orches-
terbegleitung aufgeführt. *Uliza
Dekabristow 37 | 1200–6000 Rbl | Tel.
812 3 26 41 41 | mariinsky.ru | Bus 3,
22, 27 | Admiralitätsbezirk | E8*

PHILHARMONIE
(GROSSER SAAL) ⭐ 🏳

Petersburgs musikalischer Olymp:
1450 Zuhörer sitzen zwischen korinthischen Marmorsäulen und unter riesigen Kronleuchtern. Denn die über
gleich zwei Sinfonieorchester verfü-
gende Schostakowitsch-Staatsphilhar-
monie befindet sich im ehemaligen

Festsaal der Adelsversammlung am Platz der Künste. Achtung: Der *Kleine Saal (maly sal)* ist am Newski Prospekt 30! *Kasse 11–15, 16–20 Uhr | Michailowskaja Uliza 2 | 300–3500 Rbl | Tel. 812 2 40 01 02 | philharmonia.spb.ru | Metro 2 Newski Prospekt | Zentralbezirk | ◫ J6*

MUSIKCLUBS

FISH FABRIQUE

Im alternativen Ambiente des Ein-Raum-Clubs der Künstlerkommune Puschkinskaja 10 geht es dank dezenter Preise zwanglos und sehr jugendlich zu. Do–Sa legen ab 22 Uhr DJs auf. Die meisten Livegigs steigen jedoch in der *Fish Fabrique Nouvelle (Mo–Do ab 18, Fr–So ab 17 Uhr)* gleich nebenan, wo etwas mehr Platz ist und das Ambiente auch einen gesitteteren Eindruck macht. *Tgl. 12–3 Uhr | Ligowski Prospekt 53, im Hof | 200–1500 Rbl | Tel. 812 7 64 48 57 | fishfabrique. ru | Metro 1 Ploschtschad Wosstanija | Zentralbezirk | ◫ L7*

GRIBOJEDOW ⭐ 🚩

1996 gründete die Petersburger Kultband „Dwa samoljota" einen Untergrundclub im wahrsten Wortsinn: Er steckt in einem schallsicheren Bunker, verzichtet auf Tische und ist finster – eben underground. Der Glaspavillon *Griboedov Hill* ist tagsüber Café und hat abends zum Teil ein eigenes Programm für die etwas Älteren *(Mo, Do, Sa ab 20 Uhr Jazz | ✿ Eintritt frei)*. Auf der Veranda herrscht im Sommer Strandbarfeeling. *Mo–Fr 12–6, Sa/So ab 14 Uhr | Woroneschskaja Uliza 2a |*

200–500 Rbl | Tel. 812 7 64 43 55 | griboedovclub.ru | Metro 4 Ligowski Prospekt | Zentralbezirk | ◫ K8

KOTELNAJA KAMTSCHATKA

In diesem Heizkeller stand einst Russlands Rocklegende Viktor Zoi („Kino") am Kessel – und versammelte den Leningrader Musikuntergrund um sich. Heute ist hier ein originell-primitiver Konzertclub mit kleinem Zoi-Museum. *Tgl. 13–24 Uhr, Konzertbeginn 19–20 Uhr | Uliza Blochina 15, im Hof | 100–400 Rbl | Tel. 921 9 87 23 13 | clubkamchatka.ru | Metro 5 Sportiwnaja | Petrograder Seite | ◫ F4*

MANHATTAN

In dieser grungigen Musikbar kann man auch tagsüber schon auf einen günstigen Businesslunch nebst Craft Beer einkehren. Abends wird es dann laut, erst recht am Wochenende, wenn Livebands auf der Bühne stehen. *Mo–Fr ab 12.30 Sa/So ab 14, So–Do bis 23, Fr/Sa bis 6 Uhr | Nabereshnaja reki Fontanki 90 | 200–300 Rbl | Tel. 812 7 13 19 45 | manhattanclub.ru | Metro 1, 5 Puschkinskaja/Swenigorodskaja | Admiralitätsbezirk | ◫ H8*

MONEY HONEY

Mitten im verrufenen Marktareal *Apraxin Dwor* führt seit 1994 dieser Rock'n'Roll-Club ein Eigenleben. Das Erdgeschoss ist eine schon legendäre Westernbar, in der Elvis und Zeitgenossen tonangebend sind. Darüber wird auf der Tanz- und Konzertebene kräftig gerockt, von Country bis House. *Tgl. 10–5 Uhr | Sadowaja Uliza 28, Korpus 13 | ✿ 0–400 Rbl | Tel. 812*

3 10 05 49 | money-honey.ru | Metro 2, 4, 5 Sennaja Ploschtschad/Spasskaja/ Sadowaja | Zentralbezirk | ▢ H7

ZAL

Dieser große Konzertclub befindet sich im stillgelegten Warschauer Bahnhof, dessen vorderer Teil zu einer Shoppingmall umgebaut wurde. Hier steigen Gigs von Bands aus aller Welt, die über das Kellerclubniveau deutlich hinausgewachsen sind – aber noch keine Stadien füllen. In den VIP-Zonen kann man die Shows auf Sofas fläzend verfolgen. *Nabereshnaja Obwodnogo kanala 118 | 300–4500 Rbl | Tel. 812 9 13 35 63 | zal.fm | Metro 1 Baltijskaja | Admiralitätsbezirk | ▢ 0*

OPER/BALLETT

MARIINSKI-THEATER ★ ⚑

Neben der Eremitage ist das „Marien-Theater" Petersburgs zweites Kulturaushängeschild mit Weltruhm – nicht erst seit Anna Netrebko. Schließlich ist dies der Ort, wo Ende des 19 Jhs. die meisten großen Opern russischer Komponisten uraufgeführt wurden – und wo Marius Petipa, der einflussreichste Choreograf der Tanzgeschichte, vor allem zu Tschaikowskis Musik mit Ballettklassikern wie dem „Nussknacker", „Dornröschen" oder „Schwanensee" Furore machte. In den letzten 25 Jahren erlebte der über 150 Jahre alte Prachtbau (der Saal mit fünf goldglänzenden Rängen bietet 1625 Plätze!) unter dem heutigen Intendanten Waleri Gergijew einen neuen Höhenflug. Neben russischen Klassikern oder Opern nach einheimischen Mär-

chenmotiven gibt es viel beachtete Neuinszenierungen mit großem Personal- und Dekoaufwand. Gesungen wird meist in der Originalsprache, bei russischen Texten laufen auf einem Display über der Bühne englische „Obertitel" mit. Dies gilt auch für den Mariinski-II *(Uliza Dekabristow 34)* genannten Neubau, der 2013 hinter dem alten Theater eröffnete – nach Skandalen, Planänderungen und Kosten von 550 Mio. Euro. Von außen mag man ihn für eine Bank oder ein Kaufhaus halten, im Innern begeistert er mit skandinavischem Bio-Design und einem Klang in digitaler Studioqualität auf allen 2000 Plätzen.

Mariinski-Karten gibt es nicht an den allgemeinen Theaterkassen, und trotzdem sind sie im Sommer oft schon Wochen vorher ausverkauft! Jedoch kann man immer etwa zwei Monate vorab problemlos Tickets online über die Website buchen. Für alle, die ihr Glück noch spontan versuchen möchten, gibt es eine zentral gelegene hauseigene Verkaufsstelle im Gostiny Dwor, auf halber Höhe an der Außentreppe Ecke Newski Prospekt/Uliza Dumskaja. *Teatralnaja Ploschtschad 1 | 600–10 000 Rbl | Tel. 812 3 26 41 41 | mariinsky.ru | Bus 3, 22, 27 | Admiralitätsbezirk | ▢ F7*

INSIDER-TIPP
Kulturgenuss für Planungsprofis

EREMITAGE-THEATER

Das unter Katharina II. angelegte Hoftheater der Zaren ist über eine Brücke (früher zugleich das Foyer) über den Winterkanal mit dem Museumskomplex verbunden – doch heute gelangt man nur von der Uferstraße aus hinein. Der von Baumeister Giacomo Quarenghi nach antikem Vorbild wie ein kleines Amphitheater angelegte Saal für nur 280 Zuschauer wird vor allem für klassische Opern- und Ballettaufführungen genutzt. Stilvoller kann man „Schwanensee" oder „Nussknacker" – definitiv die Schwerpunkte des Repertoires der beiden hier agierenden Truppen – nicht erleben! Die Plätze sind nicht nummeriert. Wer zuerst kommt, sitzt also vorne – aber man sieht eigentlich von allen Rängen gut. *Dworzowaja Nabereschnaja 30 | 2000–8000 Rbl | Tel. 812 9 85 20 45 | hermitagetheater.ru | Metro 5 Admiraltejskaja | Zentralbezirk | □ G5*

MICHAILOWSKI-THEATER

Im Repertoire des immer mehr im Schatten des Mariinski-Theaters stehenden historischen Opernhauses sind neben Oper und Operette vor allem Stücke von Tschaikowski, Verdi, Mozart oder Strauß, dazu klassisches Ballett. *Ploschtschad Iskusstw 1 | 700–7500 Rbl | Tel. 812 5 95 43 05 | mikhailovsky.ru | Metro 2 Newski Prospekt | Zentralbezirk | □ H6*

SANKT PETERSBURG KAMMEROPER

Im äußerlich unscheinbaren, im Innern aber hochnoblen Stadtpalais des Barons Derwies – wer hat zu Hause schon eine künstliche Grotte? – logiert dieses erst 30 Jahre alte, aber viel gelobte Opernensemble. Der prächtige Theatersaal fasst lediglich 170 Zuschauer, das garantiert eine sonst nicht gegebene Nähe zwischen Künstlern und Gästen. *Uliza Galernaja 33 | 700–2000 Rbl | Tel. 812 3 12 39 82 | spbopera.ru | Bus 3, 22, 27 | Trolleybus 5, 22 | Admiralitätsbezirk | □ F6*

Oper und Ballett, stilvoll und intim – für 250 Zuschauer im Eremitage Theater

AKTIV & ENTSPANNT

Weite Plätze, schöner Sommergarten: vor der Isaakskathedrale

SPORT, SPASS & WELLNESS

FUSSBALL
Petersburgs Erfolgsteam *Zenit (Tickets tgl. 10–20 Uhr, ab 200 Rbl | Prospekt Dobroljubowa 16A | Metro 5 Sportiwnaja | fc-zenit.ru | ▯ F4)* spielt seit 2017 im futuristischen *Sankt-Petersburg-Stadion (Metro 3 Nowokrestowskaja | Krestowskij Ostrow | ▯ 0)*. Mit 65 000 Plätzen ist sie dreimal größer als das alte Petrowski-Stadion. Deshalb sind Karten jetzt keine überteuerte Mangelware mehr.

EISHOCKEY
Auf dem Eis spielt sich der eigentliche Nationalsport Russlands ab – und der Club *SKA (Ticketverkauf nur über die Website tickets.ska.ru)* aus St. Petersburg spielt in der euroasiatischen Top-Liga KHL ganz vorne mit. Ein Besuch im 12 500 Zuschauer fassenden *Eispalast (Ledowy Dworez: Prospekt Pjatiletok 1 | Metro 4 Prospekt Bolschewikow | Newski-Bezirk | ▯ 0)* ver-

spricht deshalb spannende und hochwertige Spiele.

JOGGEN
Eine mit viel Frischluft und Grün gesegnete Route beginnt im *Alexandrowski-Park an der Metrostation Gorkowskaja (▯ H3–4)*. Nach einer Fußgängerampel ist die Brücke auf die Haseninsel erreicht. Über die Wiesen vor der Peter-Paul-Festung geht es am Kronwerk-Kanal **zur westlichen Inselspitze: ein toller Platz für ein paar Workout-Einlagen mit Panoramablick!** Zurück führt die ca. 3 km lange Route durch den bogenförmigen Park am Zoo vorbei zur Metro.

INSIDER-TIPP
Stretching mit Aussicht

KLETTERN
Lust drauf, den Taiga-Tarzan zu spielen? Der *Norway Park Orech (Mai–Okt. Mo–Fr ab 13, Sa/So ab 10 Uhr bis zur Dämmerung | 1100–1900 Rbl, Kinder*

Harte Jungs auf schmalen Kufen: Eishockey-Spieler des SKA St. Petersburg

800–1400 Rbl | norwaypark.ru | Orechowo | Zug ab Finnländischer Bhf. bis Haltepunkt „67. km", dann 20 Min. zu Fuß | 🚇 0) ist Russlands bester Waldseilgarten und bietet zwischen hohen karelischen Kiefern zehn Trassen aller Schwierigkeitsgrade für Klettermaxe jeden Alters – vorausgesetzt, sie sind über 1,10 m groß. Zwei anspruchsvolle Routen wipfeln in 200 m langen Seilrutschen.

SAUNA

Wenn Russen ihrem Körper etwas Gutes tun wollen, gehen sie in die *banja*: Anders als in der finnischen Sauna ist es hier feuchtheiß. Nach dem Aufheizen folgt ein beherzter Sprung in den nächsten Teich. Sogar im Winter. Dieses Vergnügen hast du – weniger rustikal – auch in Petersburg. Exklusiven Entspannungsgenuss bietet der 🛁 *Wellness-Club des Solo Soko Hotel Palace Bridge (tgl. 7–23, Kinder bis* 18.30 Uhr, bis 3 Jahre nur Mi | Birschewoj Pereulok 2-4 | Mo–Fr 7–16 Uhr 1090 Rbl, danach 1590 Rbl, Sa/So 1990 Rbl | Tel. 812 3 35 22 14 | pbwellnessclub.ru | Metro 5 Sportiwnaja | *Wassili-Insel | 🚇 F5)*: insgesamt acht Saunen, diverse Jacuzzis und ein Schwimmbad, das weitaus größer ist als übliche Hotelpools.

SPASS HABEN

Das Angebot des 🤡 *Diwo Ostrow (Mo– Fr 12–23, Sa/So 11–24, Frühling/ Herbst nur Sa/So 12–20 Uhr) | Krestowski Prospekt 21 | 100–500 Rbl pro Attraktion | divo-ostrov.ru | Metro 5 Krestowski Ostrow | Petrograder Seite | 🚇 F5),* des größten Vergnügungsparks Russlands, reicht von einfachen Kettenkarussells über drei große Achterbahnen bis zu extremen Schleuder-, Sturz- und Kopfstehapparaten, die auch vorlaute Halbwüchsige Ehrfurcht vor den Naturgesetzen lehren!

FESTE & EVENTS

JANUAR

In Russland begeht man **Neujahr** gleich mit einer ganzen arbeitsfreien Feiertagswoche vom 1. bis 8. Januar. Straßenfeste und Open-Air-Konzerte finden trotz Frost statt. Zentrale Schauplätze sind Strelka, Schlossplatz und Newski Prospekt. **Weihnachten** wird dann in der Nacht auf den 7. Januar in den orthodoxen Kirchen gefeiert. *visit-petersburg.ru/en/event*

ENDE FEBRUAR/ANFANG MÄRZ

Die **Masleniza** (Butterwoche) ist die russische Version des Faschings. Es geht darum, symbolisch den Winter auszutreiben – und sich mit Pfannkuchen vor dem Beginn der Fastenzeit den Bauch vollzuschlagen. *An der Peter-Paul-Festung | spbmuseum.ru*

APRIL

Internationales **Mariinski-Ballett-Festival** *(mariinsky.ru):* Ausländische Ballettensembles gastieren im Mariinski-Theater, dessen Truppe auch mindestens eine Premiere zum Programm beisteuert.

MAI

Eröffnung der Fontänen-Saison *(peterhofmuseum.ru)* Mitte Mai: im Schlosspark von Peterhof an einem Sonntag. Faktisch funktionieren die Wasserspiele allerdings schon seit Ende April.

Stadtgeburtstag *(visit-petersburg.ru/en/event):* Feier am nächstgelegenen Sonntag nach dem 27. Mai mit Feuerwerk und Klassik-Open-Air auf dem Schlossplatz.

ENDE MAI–ENDE JULI

⭐ **Stars of the White Nights** *(mariinsky.ru)* ist das Hausfestival des Mariinski-Theaters mit internationalen Stars aus Ballett, Oper oder klassischer Musik (auch Open Air).

Hochklassig: Joss Stone beim Usadba Jazz Festival

ENDE MAI–ENDE SEPTEMBER
Beim **Sandskulpturen-Festival** *(spb museum.ru)* auf dem Strand vor der Peter-Paul-Festung wird nicht nur die Sandburg zu einer eigenen Kunstform erhoben.

JUNI
Internationales Wirtschaftsforum SPIEF *(forumspb.com):* riesiger Kongress mit Top-Leuten aus Politik und Wirtschaft auf dem Messegelände Expoforum in Flughafennähe
Bei der Schulabgängerparty ⭐ **Alyje Parusa** („Rote Segel") feiern Hunderttausende eine Nacht lang den Ferienbeginn. Riesenfeuerwerk mit Musik zwischen Eremitage und Festung. *parusaspb.ru*

JULI
Petrojazz *(petrojazz.ru):* Mehrtägiges Jazz-Open-Air-Festival vor der noblen Kulisse der Peter-Paul-Festung

Der elegante Park am Jelagin-Palast ist Ort gleich zweier kultivierter Open-Air-Musik-Festivals: rockig beim **Stereoleto** und familiär beim **Usadba Jazz**. *elaginpark.org*
Am **Tag der Kriegsmarine** am letzten Juli-Sonntag ankern Kriegsschiffe auf der Newa (und können zum Teil besichtigt werden), abends Feuerwerk.

SEPTEMBER
Earlymusic *(earlymusic.ru):* Zweiwöchiges Festival für Musik aus Mittelalter, Barock und Renaissance

DEZEMBER
Beim Festival **Platz der Künste (Ploschtschad Iskusstw)** präsentieren die Philharmonie und das Michailowski-Opern- und Ballett-Theater traditionell internationale Klassikgrößen. Das Russische Museum assistiert mit Sonderausstellungen. *philharmonia. spb.ru/festivals/artsquare*

SCHÖNER SCHLAFEN

WELTLÄUFIGE KAUFMANNS-VILLA AM KANAL

Hast du im gut frequentierten *Alexander House (20 Zi. | Nabereschnaja Krjukova kanala 27 | Tel. 812 3 34 35 40 | a-house.ru | Tram 3; Bus 49, 181 | €€€ | Admiralitätsviertel | ▢ F8)* ein Zimmer ergattert, könnte dich die Rezeptionistin in dem liebevoll sanierten alten Kaufmannshaus mit offenen Kaminen, uralten Balken und grünem Innenhof fragen: „Wollen Sie lieber in London, Marrakesch oder Delhi übernachten?" Denn 20 Städte standen Pate bei der Zimmergestaltung.

GANZ BAROCK ZU GAST AM ZARENHOF

Zugegeben, die Zimmer sind gewöhnlich, das Frühstück monoton. Aber dieser Blick von der Bettkante durchs Fenster auf den Hof: für den gibt es sechs Sterne! Die Barockfassade des *Katharinenpalasts* (s. S. 64) liegt direkt gegenüber. Wer im *Hotel Jekaterina (28 Zi. | Puschkin | Sadowaja Uliza 5 | Tel. 812 4 66 80 42 | hotelekaterina.ru | € | Puschkin | ▢ 0)* absteigt, schläft in einem Zarenschloss! Vor der Tür die Parks von Zarskoje Selo, morgens und abends menschenleer …

MY KAPSEL IS MY CASTLE

Derbes Holz, alte Ziegelwände, die Wohnküche hat die Atmo einer instandbesetzten Fabriketage. Der Stil passt zum Umfeld – das *Your Space (85 Betten | Nabereshnaja reki Fontanki 20, 3. Stockwerk | Tel. 812 6 08 88 84 | yspace.ru | Tram 3; Bus 46, 49 | € | Zentralviertel | ▢ J5)* befindet sich mitten im Szene-Hotspot *Golizyn Loft* (s. S. 43). Wer braucht hier mehr zum Schlafen als eine elektrifizierte und ventilierte Koje hinter einem Rollo? Okay, die Stehhöhe bei den Zweierkapseln hat was für sich.

Hat ganz viel Flair: das preisgekrönte Soul Kitchen Hostel

FÜNF-STERNE-HOSTEL MIT GROSSER SEELE

Das *Soul Kitchen Hostel (62 Betten | Nabereshnaja reki Moiki 62 | Tel. 965 8 16 34 70 | soulkitchenhostel.com | Metro 5 Admiraltejskaja | € | Admiralitätsviertel | ⌑ G7)* sahnt regelmäßig den „Hoscar" ab. Wie das? Mit einem sympathisch-chaotisch wirkenden, aber clever durchdachten Old-school-Interieur, Technik (MacBooks für die Gäste), Service (Schirmverleih), Komfort (Vorhänge und Steckdosen für jedes Bett), Stuckdecken, tollem Personal … – und das alles noch dazu in City-Lage mit Kanalblick vom Balkon.

PUSCHKINS ROMANTISCHES LIEBESNEST

Hinter diesen Mauern wohnte 1831/32 der jungverheiratete Puschkin, – daher der Hotelname *Stschastliwy Puschkin („Glücklicher Puschkin")* *(40 Zi. | Galernaja Uliza 53 | Tel. 812 7 77 17 99 | happypushkin.ru | Bus 3, 22, 27; Trolleybus 5, 22 | €€ | Admiralitätsviertel | ⌑ E7)*. Die heutigen Gäste werden es bestimmt auch sein – angesichts so viel romantischer Aura mit Stuckdecken und Stilmöbeln zu fairen Preisen. ==Zimmer 4 mit grandiosem Ausblick auf die Newa ist 80 m² groß – und nur etwas teurer als die üblichen Zimmer.==

> **INSIDER-TIPP**
> **Ein Tanzsaal als Nachtquartier**

UPPER CLASS FÜR WENIG GELD UND MIT DACHTERRASSE

Ein Mini-Hotel auf die schnieke Tour: Das *Esperans (5 Zi. | Mitschurinskaja Uliza 6 | Tel. 812 9 27 57 20 | esperanshotel.ru | Metro 2 Gorkowskaja | € | Petrograder Seite | ⌑ H3)* befindet sich ganz oben in einem Neubau in einem VIP-Quartier – coole Dachterrassen inklusive.

ERLEBNIS TOUREN

Lust, die einzigartigen Facetten der Stadt zu entdecken? Dann sind die Erlebnistouren genau das Richtige für dich! Ganz einfach wird es mit der MARCO POLO Touren-App: Die Tour über den QR-Code aufs Smartphone laden – und auch offline die perfekte Orientierung haben.

Fantastischer Blick: die Bank-Brücke

Einfach QR-Code scannen und alle
Karten & Infos zu unseren Touren
auch unterwegs parat haben!

go.marcopolo.de/stp

DIE ERLEBNISTOUREN IM ÜBERBLICK

Novaja Derevn'a

Приморский про

Bol. Nevka

Srednjaja Nevka

O. Elagin

O. Krestovskij

3

Die grünen Inseln

Malaja Nevka

O. Petrovskij

Malaja Neva

O. Dekabristov

Smolenka

Smolenskoje kladbišče

O. Vasil'evskij

Petersburgs Aura spüren: Hinterhöfe, Märkte und Kanäle

Zaliv

Finskij

O. Gutuevskij

4

Kirovskij Raijon

1 km
0.62 mi

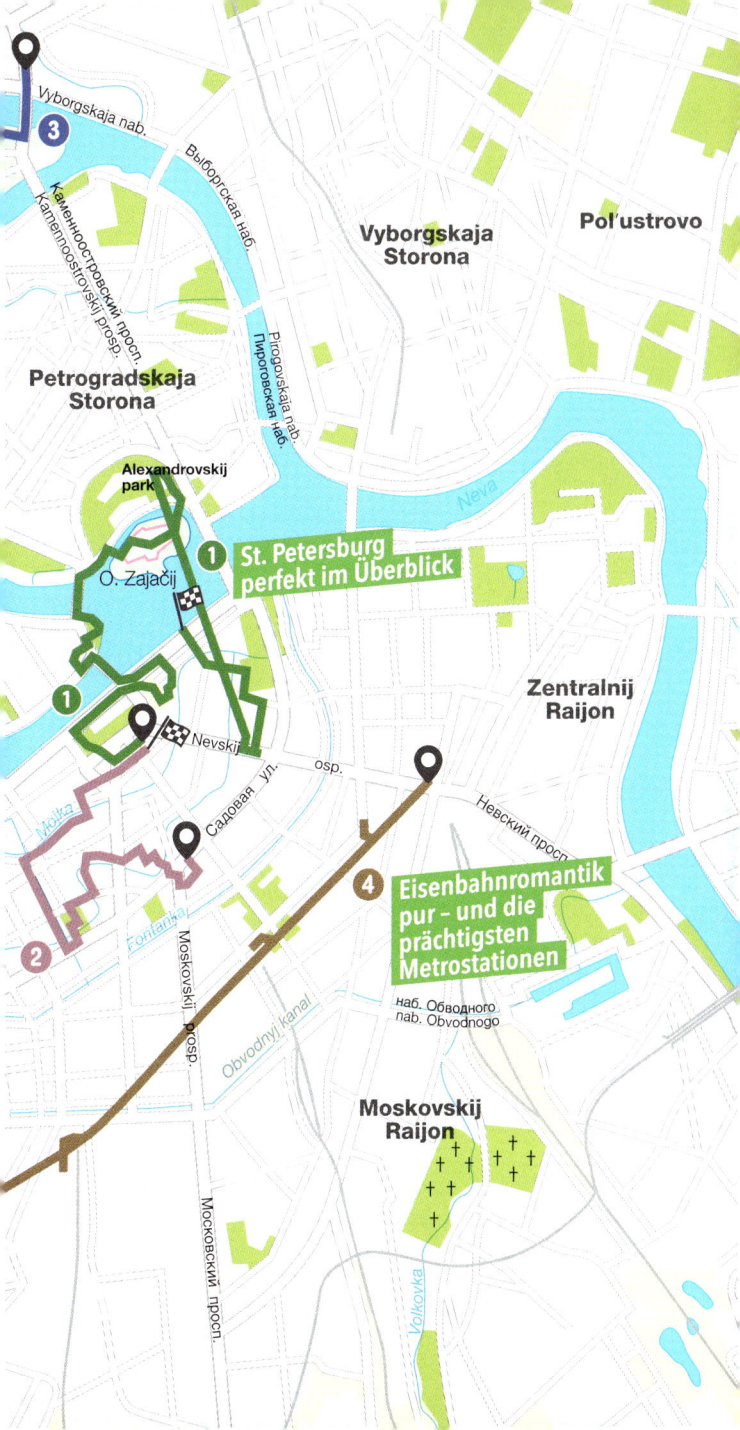

St. Petersburg
perfekt im Überblick

Eisenbahnromantik
pur – und die
prächtigsten
Metrostationen

Vyborgskaja
Storona

Pol'ustrovo

Petrogradskaja
Storona

Alexandrovskij
park

O. Zajačij

Zentralnij
Raijon

Moskovskij
Raijon

Vyborgskaja nab.

Выборская наб.

Каменноостровский просп.
Kamennoostrovskij prosp.

Pirogovskaja nab.
Пироговская наб.

Neva

Nevskij

osp.

Садовая ул.

Moika

Fontanka

Moskovskij prosp.

Московский просп.

Obvodnyj kanal

Невский просп.

наб. Обводного
nab. Obvodnogo

Volkovka

① ST. PETERSBURG PERFEKT IM ÜBERBLICK

➤ Freier Ausblick über endlose Dachlandschaften
➤ Kunst von Weltrang: die Sammlung im Generalstab
➤ Wo alles begann: die Festung, harter Kern der Stadt

📍 Metrostation Admiraltejskaia

🏁 Newa-Ufer an der Dworzowaja Nabereschnaja

→ 12,5 km, davon 2,5 km Metrofahrt

🚶 1 Tag, reine Gehzeit 2,5 Stunden

ℹ Karten für klassisches Konzert im ⑭ **Großen Saal der Schostakowitsch-Philharmonie** online kaufen.

---

① Metrostation Admiraltejskaia

② Konditorei Bushe

③ Isaakskathedrale

ERST FRÜHSTÜCKEN, DANN AUFSTEIGEN

Erstmal frühstücken: *Von der* ① Metrostation Admiraltejskaia *biegst du zweimal links in die Malaja Morskaja Uliza ein. In Haus Nr. 7 erwartet dich die* ② Konditorei Bushe *(tgl. 8–22 Uhr | bushe.ru)* mit gutem Kaffee und appetitlicher Frühstückstheke. Frisch gestärkt geht es *die Straße weiter hinunter zur* ③ Isaakskathedrale ➤ S. 36. Der Aufstieg auf die Kolonnade in 43 m Höhe verschafft dir einen perfekten Rundblick über schier endlose Dachlandschaften.

ST. PETERSBURGS HIGLIGHTS AM NEWA-UFER BEGRÜSSEN

④ Eherner Reiter

Wieder am Boden durchquerst du den Alexandrowskigarten in Richtung Newa zum Fototermin vor Petersburgs Wahrzeichen, dem ④ Ehernen Reiter ➤ S. 35. *Nach dem Queren der Uferstraße hältst du dich rechts: Während du flussaufwärts flanierst,* schweift dein Blick über den Strom und fällt auf eine ganze Reihe von Repräsentationsbauten am anderen Ufer: Kunstakademie, Menschikow-Palais, Kunstkammer ➤ S. 58 und

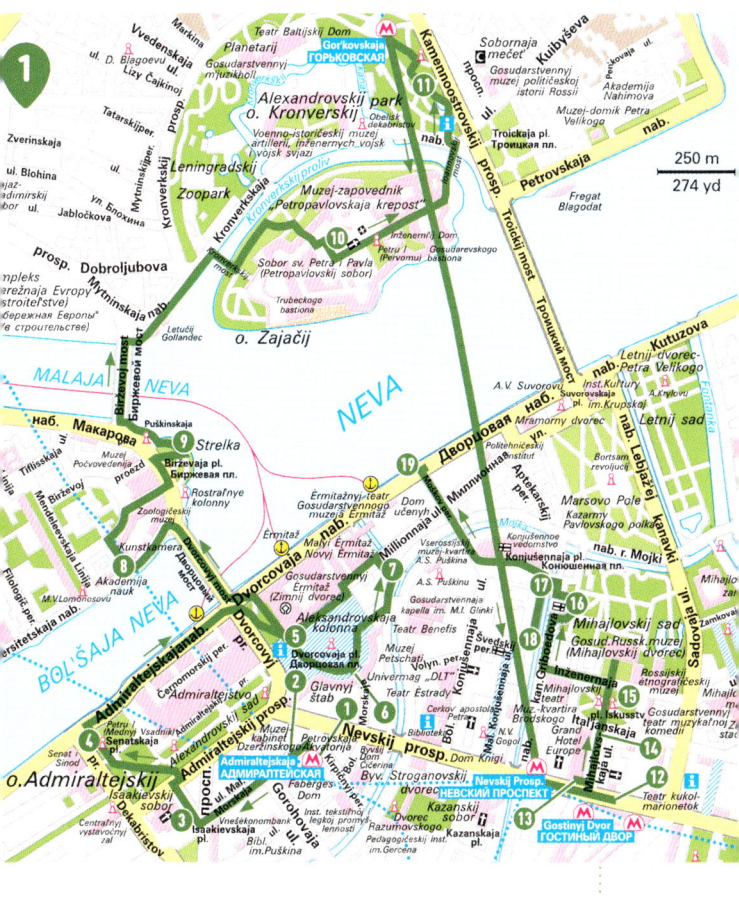

Zwölf Kollegien. *Auf Höhe der Schlossbrücke angekommen, gehst du halbrechts durch eine kleine Grünanlage auf den grandiosen* **⑤ Schlossplatz ➤ S. 30** *und* die Alexandersäule zu. Hier gönnst du dir eine **Pferdekutschfahrt** *(ca. 2500 Rbl/30 Min.).* Den Winterpalast betrachtest du nur von außen: Denn für eine Besichtigung der Eremitage **➤ S. 31** brauchst du mehr Zeit. Dafür besuchst du das Highlight der neuen Zweigstelle der Eremitage *direkt gegenüber, in der linken Hälfte des* **⑥ Generalstabs ➤ S. 34**: *Per Lift geht es hinauf in den vierten Stock* zur Weltklasse-Sammlung französischer Impressionisten.

⑤ Schlossplatz

⑥ Generalstab

121

❼ Winterkanälchen

❽ Restoran

❾ Strelka

❿ Peter-Paul-Kathedrale

⓫ Bolsche Kofe!

KAMERA RAUS: POSTKARTENNMOTIVE!

INSIDER-TIPP **Venedig des Nordens? Ja, hier!**

Wieder draußen biegst du rechts zur Moika, dann gleich wieder links ab: Das ❼ **Winterkanälchen** ist der kürzeste und hübscheste aller Wasserläufe der Stadt. *Nach einer Umrundung der Eremitage geht es auf der linken Straßenseite über die Schlossbrücke ➤ S. 34. Auf der Wassili-Insel findest du links neben der Kunstkammer* das stilvolle ❽ **Restoran ➤ S. 80**, wo authentische russische Küche serviert wird. Von der Inselspitze ❾ **Strelka ➤ S. 56** genießt du nach dem Essen den Blick auf Petersburgs Postkartenmotive. *Zwei Brücken und 15 Minuten später:* die ❿ **Peter-Paul-Kathedrale ➤ S. 51** in der **Festung**. *Über die Johannes-Brücke geht es in den Alexander-Park ins* winzige Park-Café ⓫ **Bolsche Kofe! ➤ S. 78** in einer künstlichen Grotte – Kaffee, Kuchen, Beine hochlegen!

⓬ Gostiny Dwor

⓭ Lobby-Bar des Grand Hotel Europe

MONDÄN BUMMELN AM NEWSKI PROSPEKT

Nach nur 200 m ist die Metrostation Gorkowskaja erreicht: Vom Bahnsteig rechts beamt dich die U-Bahn zum Newski Prospekt ➤ S. 39. Dort nimmst du den Ausgang in Fahrtrichtung des Zugs. Nun könntest du im Kaufhaus ⓬ **Gostiny Dwor ➤ S. 92** in Russland-Souvenirs stöbern und einen Blick ins **Caviar ➤ S. 91** werfen, Russlands einziger Boutique für schwarzen Kaviar. Apropos Kaviar: *Kehr auf der anderen Newski-Straßenseite* auf einen Drink in der antik-noblen ⓭ **Lobby-Bar des Grand Hotel Europe** *(Michailowskaja Uliza 1–7)* ein.

⓮ Großer Saal der Schostakowitsch-Philharmonie

⓯ Platz der Künste

⓰ Christi-Auferstehungskirche

⓱ Jamie's Italian

KLASSIK, ROMANTIK UND ELEGANZ

In den nächsten zwei Stunden erwartet dich im nahen ⓮ **Großen Saal der Schostakowitsch-Philharmonie ➤ S. 104** Klassik- oder Operngenuss. Zurück in der echten Welt, *bummelst du über den eleganten* ⓯ **Platz der Künste**, der zu den schönsten städtebaulichen Ensembles der Stadt zählt, *zum Kanal Gribojedowa und umrundest die fantastische* ⓰ **Christi-Auferstehungskirche ➤ S. 42**. Zeit für ein Late-Night-Dinner im nachts sehr lebhaften Viertel *auf der anderen Kanalseite*! Etwa in der Gastrobar ⓱ **Jamie's Italian** *(tgl. 12–24, Fr/Sa bis 1 Uhr | Konjuschennaja Ploschtschad 2 | ginza.ru)*, und später für ein Bier *um die Ecke* in der urigen Jazz-Bar ⑱ Dom 7 ➤ S. 103. Heuer danach eine Fahrrad-riksha *(ca. 1000 Rbl/30 Min.)* für eine romantische kleine Rundfahrt an – Hauptsache, nicht abschlaffen!

	⑱ Dom 7

KLAPPE AUF IN DEN WEISSEN NÄCHTEN

Über den Stall-Platz (Konjushennaja Ploschtschad) und die Gasse Moschkow Pereulok gelangst du in fünf Minuten zum ⑲ Newa-Ufer an der Dworzowaja Nabe-reschnaja (Schlossufer) *– und wirst unterm hellen Himmel der Weißen Nächte Zeuge, wie ab 1.10 Uhr die Newa-Brücken hochklappen. Ein erhabener Anblick!*

⑲ Newa-Ufer an der Dworzowaja Nabe-reschnaja (Schlossufer)

❷ PETERSBURGS AURA SPÜREN: HINTERHÖFE, MÄRKTE UND KANÄLE

- ➤ Die Schauplätze der berühmtesten Mordfälle der Stadt
- ➤ Ein Prachtstück: Barocke Kirche am Kanalkreuz
- ➤ Post-Romantik: eine Schalterhalle von anno dazumal

📍 Heumarkt	🏁 Petrowskaja Aquatoria
➔ 5,5 km	🚶 4 Stunden, reine Gehzeit 1,5 Stunden

ℹ️ Achtung: Die ideale Zeit für diesen Weg ist ein Samstagabend oder ein Sonntagmorgen – je weniger Verkehr, desto romantischer!

DEM BAUCHGEFÜHL NACHSPÜREN

Der ❶ Heumarkt (Sennaja Ploschtschad) *(Metro 2, 4, 5 Sennaja Ploschtschad/Sadowaja/Spasskaja)* galt einst als der „Bauch von St. Petersburg", wo der Schriftsteller Fjodor Dostojewski viele seiner Geschichten ansiedelte. Auch heute ist er geschäftig: *Neben der Metrostation geht es in die Uliza Jefimowa und dort in die Shopping-mall Sennaja, die du aber sofort auf der gegenüberliegenden Seite verlässt* – um unvermittelt im Trubel eines

❶ Heumarkt

geradezu orientalischen Basars zu stehen … *Über den Moskowski Prospekt kehrst du zum Platz zurück, dessen westliche Ecke sich zum* ❷ **Gribojedowa-Kanal** *öffnet, dem romantischsten und krummsten aller Petersburger Wasserläufe. Über einen Fußgängersteg und dann gleich gegenüber bei Haus 67 geht es in einen typischen Petersburger Hinterhof. Hier führt ein verwinkelter Durchgang direkt in Dostojewskis Welt:* Das ❸ **Haus Kasnatschejskaja Uliza 7**, *vor dem du stehst, wenn du wieder auf die Straße trittst,* war eine der 20 Eckhausadressen, an denen der ruhelose Schriftsteller wohnte. Hier schrieb er 1866 sein wohl berühmtestes Werk, „Schuld und Sühne". Seinen Romanhelden, den Axtmörder Raskolnikow, ließ er nur *eine Ecke weiter, in der* ❹ **Grashdanskaja Uliza 19** ein Dachzimmer beziehen. Daran erinnert heute ein Denkmal an der Straßenecke.

❷ **Gribojedowa-Kanal**

❸ **Haus Kasnatschejskaja Uliza 7**

❹ **Grashdanskaja Uliza 19**

❺ **Löwen-Brücke**
❻ **Nikolaus-Marine-Kirche**
❼ **Pikalow-Brücke**

DÜSTERE VERBRECHEN, SCHÖNE KIRCHEN
Geh ein Stück nach links über die Grashdanskaja Uliza, dann lockt ein kleiner Umweg über die ❺ **Löwen-Brücke**. *Quer diesen hochromantischen Steg und nach 300 m passierst du Haus 104,* wo Raskolnikow den Mord an der alten Wucherin beging. *Der Kanal führt nun zum Nikolskaja-Platz, eher ein Park. In seiner Mitte erhebt sich die* ❻ **Nikolaus-Marine-Kirche** mit goldenen Kuppeln, die wohl schönste Kirche der Stadt. Sie ist zweistöckig, allerdings ist die besonders sehenswerte Oberkirche nur während der Gottesdienste (Sa 18, So 9.30 Uhr) zugänglich. *Am Glockenturm biegst du links ab:* Auf der ❼ **Pikalow-Brücke** stehend, kannst du sieben weitere Brücken sehen!

INSIDER-TIPP
Barock in Perfektion

Für den Schutzpatron der Seeleute: Nikolaus-Marine-Kirche

DER IDIOT WARTET AUF DICH
Je näher man nun entlang des Krjukow-Kanals dem Mariinski-Theater ➤ *S. 106 kommt, umso dichter wird*

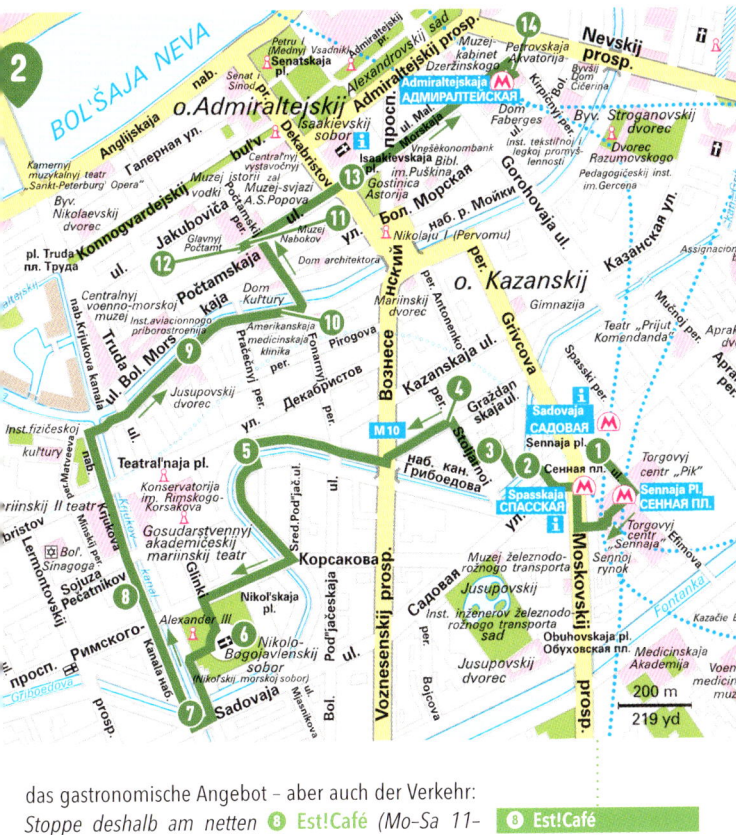

das gastronomische Angebot – aber auch der Verkehr: *Stoppe deshalb am netten* ⑧ **Est!Café** *(Mo–Sa 11– 23 Uhr | Nab. Krjukowa kanala 11 | estcafe.ru)* und ge- nieß die verträumte Aura des Kleine-Leute-Quartiers **Kolomna**. *Nach dem Passieren des Mariinski wirfst du an der nächsten Kanal-Kreuzung einen Blick nach halb- links auf* **Neu-Holland** ➤ S. 35. *Auf dem Weg nach rechts, die* **Moika** *entlang,* solltest du dir das unschein- bare, aber innen hochnoble ⑨ **Jussupow-Palais** *(tgl. 11–18 Uhr | Nabereschnaja Reki Moiki 94 | 700 Rbl (mit dt. Audioguide) | yusupov-palace.ru)* ansehen, wo die vielleicht bekannteste Bluttat der russischen Geschich- te geschah: Hier wurde 1916 der Wunderprediger Ras- putin ermordet. *Ein paar Häuser weiter* findet sich ein altmodisch-intellektueller Salon: das Restaurant ⑩ **Idiot** ➤ S. 82, benannt nach Dostojewskis Roman.

⑧ **Est!Café**

⑨ **Jussupow-Palais**

⑩ **Idiot**

⑪ Hauptpostamt

⑫ Fernmeldemuseum

⑬ Isaakskathedrale

⑭ Petrowskaja Aquatoria

Auf dem anderen Ufer der Moika liegt zwei Querstraßen weiter das **⑪ Hauptpostamt** ➤ S. 136 *mit einer ebenso riesigen wie nostalgischen Schalterhalle: Zu Zarenzeiten war sie topmodern, so wie das* **⑫ Fernmeldemuseum** *(Di–Sa 10.30–18 Uhr | 200 Rbl | rustelecommuseum.ru) im Haus nebenan:* Originelle Do-it-yourself-Experimente erklären die physikalischen Grundlagen von Kommunikationstechnologien. *Vorbei an der* **⑬ Isaakskathedrale** ➤ S. 36 *mit ihrer Aussichtskolonnade in 43 m Höhe geht es immer geradeaus zur* **Metrostation Admiraltejskaia** *mit den längsten Rolltreppen der Welt: 137 m Fahrt und 69 m nach unten! Im obersten Stock des Stationsgebäudes wartet im* **⑭ Petrowskaja Aquatoria** ➤ S. 37 *aber erst mal das Petersburg des 18. Jhs. im Modelleisenbahn-Maßstab: Auf Knopfdruck wird die Stadtgeschichte lebendig.*

❸ DIE GRÜNEN INSELN

➤ **Drei (fast) autofreie Eilande im Newa-Delta**
➤ **Klettern, Rudern, Achterbahnfahren**
➤ **Zur Belohnung geht's in den Biergarten**

📍	Metrostation Tschornaja Retschka	🏁	Metrostation Krestowski ostrow
→	9,5 km	🚶	halber Tag, reine Gehzeit 2,5 Stunden

ℹ️ Mitnehmen: Picknick kannst du dir am Startpunkt in der Unterführung gegenüber vom Metro-Ausgang kaufen. Achtung: Am Wochenende ist die Jelagin-Insel für Radfahrer gesperrt ist.

❶ Metrostation Tschornaja Retschka

AN STILLEN UFERN

Nach Verlassen der **❶ Metrostation Tschornaja Retschka** *(Linie 2) biegst du sofort rechts ab. Nach 200 m geht es über die stark befahrene Uschakow-*

Expedition per Ruderboot in die Seenwelt der Jelagin-Insel

ski-Brücke. Sobald die **Steininsel (Kamenny ostrow)** *erreicht ist, führt der Weg nach rechts, auf einen sandigen, stillen Uferpfad. An der Einmündung eines kleinen Kanals folgst du diesem ins Inselinnere,* und befindest dich nun im elitärsten Wohngebiet der Stadt mit über 100 Jahre alten Luxusvillen aus der Zarenzeit. *Zwei besonders schöne Exemplare stehen am nächsten Kanal:* rechts die 1905 für einen Schweizer Modeschöpfer errichtete ❷ **Villa Vollenweider** mit markantem Zuckerhutdach, ein Jugendstil-Traumhaus in perfektem Zustand, und schräg gegenüber die originelle ❸ **Datscha Hauswald**: Der restaurierte Fachwerkbau von 1899 gilt als das erste Jugendstil-Gebäude Russlands. *An der nächsten Brücke querst du den Kanal und erreichst das elegante* ❹ **Kamenoostrowski-Theater**. Obwohl es die Fassade eines klassischen Tempels trägt: Dieses Gebäude von 1844 ist aus Holz! *Nun geht es über eine Brücke hinüber auf die* **Jelagin-Insel (Elagin ostrow)** *(Eintritt nur Sa/So 10–22 Uhr 100 Rbl | elaginpark.org/de),* zum schönsten Park im Stadtgebiet. *Du folgst dem Asphaltweg, der auf den* ❺ **Jelagin-Palast** *(wegen Renovierung geschlossen)* zuläuft. Carlo Rossi schuf 1818–26 dieses stilvolle Landsitzensemble. *Halte auf dem Weg in Westrichtung nach Parkbänken oder Lichtungen für dein Picknick Ausschau.*

❷ **Villa Vollenweider**

❸ **Datscha Hauswald**

❹ **Kamenoostrow-ski-Theater**

❺ **Jelagin-Palast**

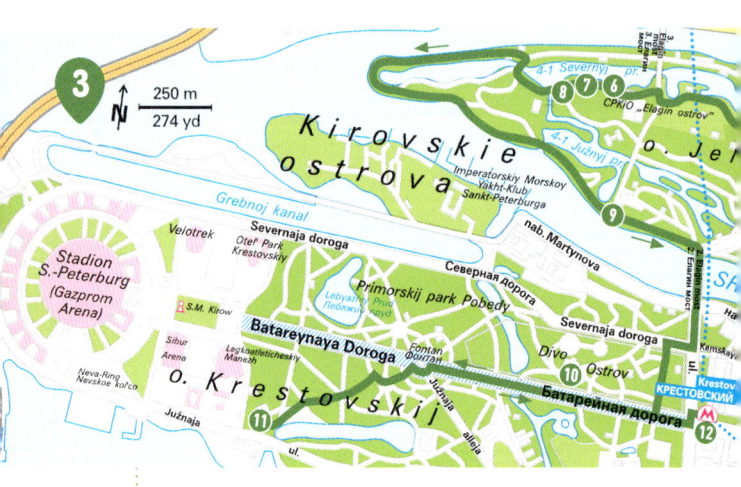

ERST BOOT, DANN ACHTERBAHN FAHREN

Sobald der Weg auf ein fensterloses Café trifft, pas- sierst du dieses linker Hand: Charter beim ❻ **Boots- verleih** *(1 Stunde 300 Rbl)* eine Jolle und ruder in das Geflecht verträumter Teiche. *In der gleichen Gehrich- tung weiter stößt man nun auf einen* ❼ **Mini-Zoo** *und gleich dahinter auf den* ❽ **Norway Park** *(tgl. 10- 18 Uhr, im Winter nur Sa/So | 1100 Rbl | norwaypark. ru) – ab in den Klettergarten! Von der Inselspitze mit einem beeindruckenden Blick auf das 462 m hohe Lakhta Center und das nagelneue Fußballstadion gehst du an der Südseite der Insel zurück, bis du auf einen* ❾ **Bootsanleger** *stößt:* Von hier starten in der Hochsaison stündlich Ausflugsboot zu **Rundfahrten** *(ca. 1 Std. 15 Min. | 600 Rbl) durchs Newa-Delta. Hin- ter der nahen Brücke liegt die* **Kreuzinsel (Krestow- skij ostrow)** *mit Russlands größtem Vergnügungs- park* ❿ **Divo Ostrow** ➤ **S. 111** *– wenigstens eine Fahrt mit der grünen Highspeed-Achterbahn solltest du wagen. Von hier aus gehst du knapp 1 km durch den Park in Richtung Stadion, an einem Springbrun- nen biegst du halblinks ab und stößt auf einen klei- nen See mit dem Biergarten des Restaurants* ⓫ **Karl & Friedrich** ➤ **S. 76**. *Nach der Pause gehst du das letzte Wegstück zurück zur* ⓬ **Metrostation Krestowski ostrow**.

❻ **Bootsverleih**

❼ **Mini-Zoo**

❽ **Norway Park**

❾ **Bootsanleger**

❿ **Divo Ostrow**

⓫ **Karl & Friedrich**

⓬ **Metrostation Kres- towski ostrow**

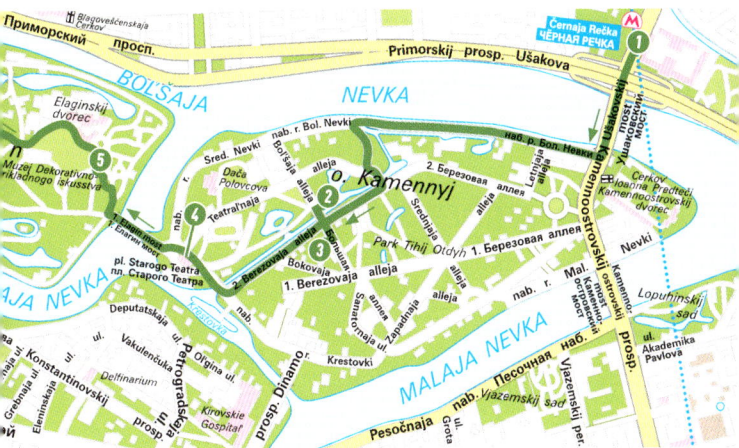

④ EISENBAHNROMANTIK PUR – UND DIE PRÄCHTIGSTEN METROSTATIONEN

➤ Unterirdische Paläste voller Sowjetprunk
➤ Dampfloks im Dutzend, dazu der passende Bahnhof
➤ Das Peterhof der Gegenwart: Schloss „Putinhof"

📍	Ploschtschad Wosstanija	🏁	Konstantin-Palast
→	27 km (10 km Metro, 13 km Straßenbahn)	🚌	6 Stunden, reine Fahrzeit 2 Stunden

ℹ️ Achtung: Vermeide die Rushhour von 8–11 und 17–20 Uhr, Tour auch abends bis 24 Uhr möglich. Kein Stativ und Blitz in den U-Bahnstationen.

EICHENLAUB UND STERNE UNTER DER ERDE

Der Ausflug in den Untergrund beginnt am ❶ Pl. Wosstanija. 1955 wurde diese Station wie eine Ruh-meshalle gestaltet: Eichenlaubgirlanden schmücken die Gewölbedecke, und der Sowjetstern ist das häufigs-te Schmuckelement. Derartiger „Stalin-Barock" findet

❶ Pl. Wosstanija

❷ Wladimir-Kathedrale

❸ British Bakery

❹ Puschkinskaja

❺ Witebsker Bahnhof

❻ Baltijskaja

❼ Eisenbahnmuseum

sich in jenen Stationen, die schon vor Stalins Tod 1953 weit gediehen waren. *An der nächsten Station* Wladimirskaja *wirfst du einen Blick in die* ❷ Wladimir-Kathedrale ➤ S. 46 *gegenüber dem Metro-Ausgang. Auf der anderen Seite des lebhaften Platzes* gönnst du dir eine Pause und eine Leckerei in der Konditorei ❸ British Bakery *(tgl. 8.30–22 Uhr | Wladimirski Prospekt 19).*

MIT DER U-BAHN IN EINEN NOBLEN FESTSAAL

Eine Station weiter steht in der Haltestelle ❹ Puschkinskaja *ein Puschkin-Denkmal auf dem mit Marmor, Granit, Stuck und Stehlampen gestalteten Bahnsteig. Hier lohnt der Aufstieg zur Oberfläche: Neben der Station steht der* ❺ Witebsker Bahnhof ➤ S. 67, *eine Jugendstil-Schmuckschatulle mit einem Wartesaal wie ein nobler Festsaal. Die nächste sehenswerte Station ist* ❻ Baltijskaja, *vor allem ihr eindrucksvoll detailliertes Marmormosaik, das Revolutionäre anno 1917 und die „Aurora" zeigt. Eisenbahnfans sollten wieder hinauf,* zum ❼ Eisenbahnmuseum ➤ S. 63 *Russlands, direkt neben dem Baltischen Bahnhof gelegen.*

So schön kann warten sein: Saal im Witebsker Bahnhof

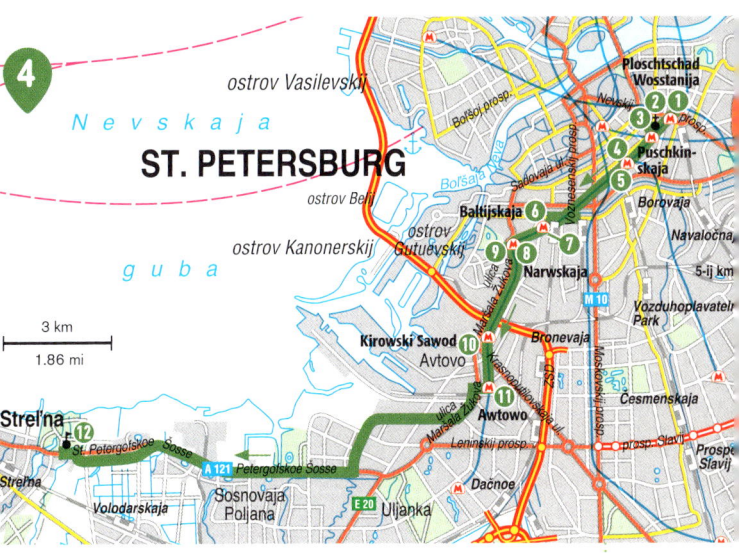

Unten, *auf der Metrolinie 1,* folgen nun wahre Kathedralen des Kommunismus: In der Station ❽ Narwskaja wird mit Reliefs im antiken Stil das werktätige Volk verherrlicht. *Der Aufstieg lohnt,* weil das Umfeld der Station ein Freilichtmuseum für den Baustil des Konstruktivismus ist: *Gegenüber der Metro* steht das ❾ Kirow-Warenhaus *(tgl. 10–22 Uhr)* von 1931, wo du günstig im SB-Restaurant Frikadelki *(tgl. 7.30–23 Uhr)* in der rechten Flanke des Warenhauses einkehren kannst.

❽ Narwskaja

❾ Kirow-Warenhaus

DARF'S EIN BISSCHEN STUCK SEIN?

Nächster Haltepunkt ist ❿ Kirowski Sawod, wo der Bahnsteig die Aura einer mittelalterlichen Wappenhalle trägt. Höhepunkt ist ⓫ Awtowo mit Stuckdecke, 46 mächtigen Säulen und riesigen Kronleuchtern. *Wechsel jetzt das Verkehrsmittel: In der parallel verlaufenden* Kronstadtskaja Uliza *geht es weiter mit der Tram 36 in Richtung Strelna zum* ⓬ Konstantin-Palast ► S. 68, *ein bis zur Jahrtausendwende fast vergessenes Zarenschloss, das in ein geschlecktes Konferenzzentrum verwandelt wurde. Die Besichtigung von „Schloss Putinhof" ist leicht surreal.*

❿ Kirowski Sawod

⓫ Awtowo

⓬ Konstantin-Palast

GUT ZU WISSEN

DIE BASICS FÜR DEINEN STÄDTETRIP

ANKOMMEN

ANREISE

Die günstige Petersburger Aeroflot-Tochter Rossiya bietet die meisten Direktflüge aus dem deutschen Sprachraum zum Petersburger Flughafen Pulkovo an. Er verfügt über ein modernes, leistungsfähiges Terminal. Die Abfertigung dort geht deshalb meist erfreulich flott.

Wer mit dem Auto nach St. Petersburg reisen möchte, sei gewarnt: Der Landweg ist lang (ca. 1700 km von Berlin) und oft ohne Autobahn. Angenehmer ist es, per Fähre nach Finnland. Von Helsinki aus sind es dann noch ca. 400 km über gute Fernstraßen. Innerorts sind 60 km/h erlaubt, außerorts 90 km/h, auf Autobahnen 110 km/h. Reisezweck „Autotourismus" im Visumantrag angeben, Auslandsschutzbrief empfohlen.

+ 1-2 Stunden Zeitverschiebung

Moskauer Zeitzone – und es gibt keine Sommerzeit! Deshalb gilt: im Sommer MESZ + 1 Stunde, im Winter MEZ + 2 Stunden.

Adapter Typ C

Adapter sind nur selten für zu „dicke" Schuko-Stecker erforderlich.

Der billigste, aber auch anstrengendste Weg ist mit dem Bus: Ab Berlin sind zwei Nächte im Sitzen garantiert, in Riga wird umgestiegen. Einziger Anbieter auf dieser Route ist *Ecolines (ab ca. 90 Euro | ecolines.net)* aus Lettland. Wer per Bahn fahren will (Dauer ca. 33

Std.), muss mehrmals umsteigen; die Route führt zudem über Weißrussland, weshalb du auch noch ein Transitvisum brauchst.

Moby SPL (ab 50 Euro | stpeterline. com) verbindet Helsinki sowie auch Tallinn und Stockholm mit St. Petersburg. Die Schiffe legen am alten *Meeres-Bahnhof (☐ A7)* an.

EINREISEBESTIMMUNGEN

Es besteht Visumpflicht (ausgenommen Fähr- oder Kreuzfahrtpassagiere bei organisierten Landgängen bis 72 Stunden)! Für Besuche von St. Petersburg und dem Umland (Leningrader Gebiet) gibt es mittlerweile ein sogenanntes „elektronisches Visum". Es ist maximal acht Tage gültig, man kann es unkompliziert online beantragen – und es ist kostenlos! Gegenüber den bisherigen hochbürokratischen (und teuren) russischen Visaprozeduren ist dies ein Quantensprung. Ab 2021 soll es das elektronische Russland-Visum mit landesweiter Gültigkeit und für ca. 2 Wochen Dauer geben. Aber Achtung: Die persönlichen Daten müssen exakt aus dem Reisepass übernommen werden! Schon ein abweichender Buchstabe kann ausreichen, dass man nicht eingelassen wird. Und: Bahnreisen mit dem e-Visum sind nicht möglich.

Andere Visa sind nur gegen Vorlage einer formgerechten Einladung/Buchungsbestätigung, Krankenversicherung, Verdienstnachweis und des nach Reiseende noch sechs Monate gültigen Reisepasses bei den russischen Visa-Zentren *(vfsglobal.com)* oder den Konsularabteilungen erhältlich *(Tel. Infos: 030 22 65 11 84 | russische-botschaft.ru)*. In Russland muss man bei der Migrationsbehörde registriert werden. Dies übernimmt das Hotel, bei Privataufenthalten von mehr als sieben Werktagen an einem

Ort kann und muss dies der Gastgeber erledigen. Achten Sie beim Buchen darauf, dass Einladung und, bei längeren Aufenthalten, Registrierung gewährleistet sind. Individualreisende ohne vorgebuchte Unterkunft können die Einladung online erhalten (15 US-Dollar) über das Reisebüro *Ostwest.com* *(Uliza Wosstanija 7 | Office 306 | Tel. 812 3 27 34 16 | ostwest.com | ⬜ L6).*

INSIDER-TIPP
Einladung leicht gemacht

FLUGHAFENTRANSFER

In der Ankunftshalle bestellst du dir an den Theken von *Taxi Pulkovo (Tel. 9 000 000 | taxipulkovo.com)* ein Taxi zu einem fairen Fixpreis *(lt. Zonenplan, in die Innenstadt ca. 1000 Rbl für 20 km Fahrt, Zahlung per Kreditkarte möglich)* und gehst mit einem Reservierungscoupon mit der Nummer des Taxis zum Taxistand. Eventuell lauernde Taxi-Freibeuter abwimmeln – sie kassieren von Ortsfremden gerne Mondpreise!

Für nur 40 Rbl geht es mit dem Bus 39/39E zur Metrostation Moskowskaja (Linie 2). Etwas teurer, aber schneller (dafür ohne Platz für großes Gepäck) fahren dorthin die *marschrutki*-Kleinbusse der Linie K-39.

KLIMA & REISEZEIT

Das Petersburger Wetter ist latent unbeständig und kühl. Besonders attraktiv (und überrannt) ist Petersburg in den Weißen Nächten von Anfang Juni bis Mitte Juli. Aber auch im Mai und August sind die Abende sehr lang und das Licht kaum anders. Septem-

ber und Oktober sind ebenfalls angenehme Monate. Zwischen Ende Oktober und Mitte April kann es winterlich sein – aber eine Schnee- und Frostgarantie gibt es nicht!

MOBIL SEIN

ÖFFENTLICHE VERKEHRSMITTEL

Die eindrucksvoll tief gelegene, blitzsaubere und effektive Metro fährt von ca. 5.40 bis 0.15 Uhr; zur Rushhour im 1,5-Minuten Takt, länger als 5 Min. muss man nie warten. Alle Wegweiser sind auch auf Englisch. Spare dir den Versuch, das Tarif-Dickicht der Mehrfahrtenkarten zu verstehen: Einfach einige Jetons zu 45 Rbl auf Vorrat kaufen, fertig! Sobald man die Drehkreuze passiert hat, kann man beliebig lange und weit fahren.

Bei Bussen, Trolleybussen und Straßenbahnen (Betrieb bis ca. 24 Uhr) ist immer eine Schaffnerin an Bord, die Einzelfahrscheine für 40 Rubel verkauft. Bei den *marschrutki*, erkennbar an den K-Nummern, bezahlt man beim Fahrer. Hilfreich: ein Stadtplan mit dem Liniennetz (ca. 90 Rbl im Buchhandel).

TAXI

Auf Petersburgs Taximarkt konkurrieren scharf drei große Anbieter – die Kunden profitieren durch günstige Tarife *(5 km Fahrt ca. 180 Rbl),* die aber zu Zeiten starker Nachfrage und Staus deutlich ansteigen. Die Bestellung geht am besten über clever gemachte Apps, alternativ auch online oder telefonisch: *Taxovichkof (Tel. 812 3 30 00 00 | taxovichkof.ru)*, bietet eine große Auswahl an Fahrzeugklassen, *Yandex Taxi (Tel. 812 3 66 66 66 | taxi.yandex.ru)* ist russischer Uber-Partner. *RuTaxi (Tel. 812 3 18 03 18 | spb.rutaxi.ru)* hat leider keine App auf Englisch.

FAHRRADVERLEIH

Das von der Stadt geförderte Leihradsystem *Velogorod (spb.velogorod.org)* bietet ca. 50 automatische Dockstationen im Stadtzentrum. Die schlichten City-Bikes sind vor allem für Kurzstrecken gedacht. Für Abonnenten sind Fahrten bis 30 Min. kostenlos.

Wer ein Rad für mehrere Stunden oder Tage sucht, steigt bei konventionellen Verleihern günstiger in den Sattel *(Tagesmiete 400–1000 Rbl):* *Rentbike (Nabershnaja reki Fontanki 77 | Tel. 812 9 81 01 55 | rentbike. org | 🚇 H7)*; *Velo Petergof (Uliza Swerinskaja 6 | Peterhof | Tel. 812 9 74 74 31 | velorodeo.ru | 🚇 0).*

VOR ORT

ADRESSEN

Diese Abkürzungen werden in Adressenangaben oft verwendet:

P. S.	Petrograder Seite
W. O.	Wassili-Insel
bl.	*bulwar* (Boulevard)
per.	*pereulok* (Gasse)
ul.	*uliza* (Straße)
pr.	*prospekt* (breite Straße)
pl.	*ploschtschad* (Platz)
nab.	*nabereschnaja* (Uferstraße)

AUSKUNFT

Städtische *Touristen-Information (Sadowaja Uliza 14 | Metro 3 Gostiny Dwor | 🚇 J6)* sowie in Büros und Pavillons *(Schlossplatz, Millionaja Uliza 25, Isaaksplatz, Sennaja Ploschtschad, Ploschtschad Wosstanija, Smolny-Kathedrale, Peter-Paul-Festung, Flughafen, Passagierhafen).* Die Touristen-Hotline *(Tel. 812 4 56 03 03)* gibt (auch engl./dt.) Auskünfte, Tipps und guten Rat.

visit-petersburg.ru ist die russisch/englische Site der Tourismusinformation. Lokale Tourismus-Nachrichten gibt es auf *ispb.info*. Auf *visitrussia. com* (engl.) findet man Informationen der staatlichen Tourismusagentur.

FEIERTAGE

1.–8. Januar	Neujahrsferien
7. Januar	Weihnachten
23. Februar	Tag der Vaterlandsverteidiger (Männertag)
8. März	Intern. Frauentag
1. Mai	Tag des Frühlings und der Arbeit
9. Mai	Tag des Sieges
12. Juni	Tag Russlands (Nationalfeiertag)
4. November	Tag der nationalen Einheit

GÄSTEKARTEN

Die *St. Petersburg Card (petersburgcard. com)* verschafft freien Eintritt bei vielen Museen und Sehenswürdigkeiten sowie Stadtrundfahrten per Bus und Boot, dazu einige Rabatte. Sie gibt es für zwei, drei, fünf oder sieben Tage, wobei sich wohl nur die längeren Geltungsdauern *(z. B. 5 Tage für 6490 Rbl)* lohnen – und dies auch nur bei einem dichten Besichtigungsprogramm. Der ähnliche *Citytourpass (citytourpass.ru)*

Aufspringen, losfahren, aussteigen: bequemes Sightseeing mit Citytour

öffnet. Briefmarken gibt's am Kiosk in der Saalmitte. Wem die Laufzeit von 10–20 Tagen nach Westeuropa zu träge ist, geht besser zu *Westpost (Mo–Fr 10–20 Uhr | Newskij Prospekt 88, 2. Hof):* Die Sendungen (Brief/Postkarte 470 Rbl) über Finnland brauchen ca. eine Woche.

STADTFÜHRUNGEN

Das Team von *Petersburg-hautnah (petersburg-hautnah.com)* kümmert sich individuell und in perfektem Deutsch um Kleingruppen.
Lothar Deeg, der Autor dieses Bandes, macht mit dir Stadtrundgänge und (Fahrrad-)Exkursionen *(guide@infoburg. info). Peterswalk* (s. S. 50) bietet viele Touren auf Englisch.

STADTRUNDFAHRTEN

In die roten Busse von *Citytour (im Sommer tgl. 9–21 Uhr, sonst kürzer | 800 Rbl inkl. Stadtführung (auch dt.) über Kopfhörer | citytourspb.ru)* kann man ein- und aussteigen, sooft man will. Start ist im 30- bis 60-Min.-Takt am *Ploschtschad Ostrowskogo (☐ J6)* oder an jeder der 14 Haltestellen. Stündlich verkehren im Sommer auch die Hop-on-hop-off-Boote desselben Anbieters mit fünf Haltepunkten *(800 Rbl oder 1500 Rbl. für Bus und Boot).* Und nicht verwechseln: Ebenfalls mit roten Doppeldeckern operiert nach dem gleichen Prinzip alle 20-40 Min. *City Seightseeing (city-seightseeing.ru)* von der *Isaakskathedrale* (s. S. 36) aus: Angeboten werden zwei Rundkurse, das Zwei-Tage-Ticket kostet 1900 Rbl, mit Bootsrundfahrt 2900 Rbl.

kommt als Heft mit diversen Eintrittskarten daher *(3 Tage für 5000 Rbl),* u. a. auch für die Eremitage – ist aber ebenfalls nur für Museums-Junkies sinnvoll.

INTERNET & WLAN

WLAN heißt in Russland WiFi. In den meisten Hotels, Hostels und Cafés ist kostenloser Netzzugang Standard. Die Stadt betreibt unter dem Namen *SPB Free WiFi* ein öffentliches Netz auf. An vielen Plätzen, Metrostationen und in belebten Parks kann man sich kostenlos einloggen, ebenso in Metrowaggons. Ein 24-Std.-Internetcafé mit Druckerservice ist *Cafemax (Newskij Prospekt 90/92 | ☐ K7).*

POST (POTSCHTA)

Das *Hauptpostamt (Uliza Potschtamtskaja 4 | ☐ G7)* ist rund um die Uhr ge-

Herkömmliche 🚩 *Bootsfahrten (1–1,5 Std. pro Person | ca. 800 Rbl | russ. Führung)* starten an den Brücken des Newski Prospekt über die Kanäle und am Newa-Ufer. Am Anleger Nab. reki Fontanki 27 gibt es alle 1,5 Std. englische Bootstouren mit *Anglotourismo (1,5 Std. | 1100 Rbl | anglotourismo. com).*

An Sommerwochenenden: *Hubschrauber-Rundflüge (an der Peter-Paul-Festung | ca. 10 Min. 5000 Rbl/ Person.*

TELEFON & HANDY

Vorwahl Russland: 007 bzw. +7. Festnetz-Ortsvorwahl St. Petersburg: 812. Russische Mobilnetze haben dreistellige Nummern, beginnend mit 9. Nach Deutschland wählt man im Festnetz die 8, dann 1049 (A: 1043, CH: 1041) und die Ortsvorwahl ohne Null. Vom Handy setzt man vor russische Vorwahlen +7, nach Deutschland +49, dann Ortsvorwahl ohne Null.

Achtung: Im automatischen Roaming kostet jedes Gespräch 1,50–5 Euro/ Min.! Gegen Vorlage des Reisepasses kann man SIM-Karten ohne Grundgebühr und Pflichtlaufzeit der lokalen Mobilfunkanbieter Megafon, MTS oder Beeline kaufen *(ab 150 Rbl | Filialen am Ligowski Prospekt 43–45 gegenüber vom Moskauer Bahnhof).*

TRINKGELD

Tschajewije – wörtlich: Geld für Tee – muss man in Russland nur geben, wenn der Service auch okay war. Je nach Zufriedenheit sind 5 bis 15 Prozent der Rechnungssumme angemessen. Zunächst bringt die Bedienung die Rechnung (für den ganzen Tisch!). Man bezahlt, wie man es eben passend hat, denn das Wechselgeld sollte exakt zurückgebracht werden. Dann hinterlässt man das Trinkgeld in der Rechnungsmappe und geht. In letzter Zeit werden aber immer öfter – besonders bei ausländischen Gästen! – bereits 10 Prozent Servicezuschlag auf die Rechnung geschmuggelt.

WAS KOSTET WIE VIEL?	
Metro	0,60 Euro
	beliebig weite Fahrt
Imbiss	4,20 Euro
	mit Getränk in einer Fastfoodkette
Wodka	5 Euro
	0,5-l-Flasche
Cappuccino	2,70 Euro
	in einem Café
Matrioschka	ab 12 Euro
	bei guter Qualität
Taxi	4 Euro
	10 km Fahrt

WÄHRUNG/GELD

Die Landeswährung ist der Rubel (aktueller Kurs z. B.: *oanda.com/lang/de/ currency/converter).* Kreditkarten (Visa, Mastercard) werden weithin akzeptiert. Bargeld beschafft man sich am besten mit Kredit- oder EC-Karte an Geldautomaten *(bankomat)* in Hotels, Einkaufszentren und Metro-Eingängen. In Wechselstuben *(obmen valuty)* muss bei Summen ab 40 000 Rbl der Pass vorgelegt werden.

Wohl den besten Rubelkurs der Stadt bietet die Bank *Avangard (in ihrer Filiale Ul. Rubinstejna 12, Eingang um die Ecke |*  *K7)*. Bankfilialen, die über keine gut sichtbar angebrachte Kurstafel verfügen, sind uninteressant: Sie sind am Geldwechsel nicht interessiert und bieten, wenn überhaupt, nur schlechte Kurse.

NOTFÄLLE

DIPLOMATISCHE VERTRETUNGEN

– *Deutsches Generalkonsulat: Uliza Furschtatskaja 39 | Tel. 812 3 20 24 00 |* K5
– *Österreichisches Honorarkonsulat | Nabereschnaja reki Moiki 22 | Tel. 812 33 59 11 11 01*
– *Schweizer Generalkonsulat: Tschernyschewskogo Prospekt 17 | Tel. 812 3 27 08 17 |* L5

GESUNDHEIT

Eine Auslandsreisekrankenversicherung ist Voraussetzung für das Visum. Empfehlenswerte Polikliniken mit Fachärzten (auch Zahnarzt) sind:
– *American Medical Clinic Nabereschnaja reki Moiki 78 | Tel. 812 7 40 20 90 | amclinic.ru |* G7
– *Poliklinik der Admiralitätswerft Uliza Sadowaja 126 | Tel. 812 7 14 80 80 | verficlinic.ru |* 0
Wer einen Notarzt *(skoraja pomotsch)* braucht, sollte besser statt des kommunalen Dienstes *(Tel. 03*, kostenlos, aber langsam) einen privaten Rettungswagen alarmieren: z. B. *EMC (Tel. 812 7 77 77 03). Coris (Tel. 812 3 27 13 13 | Uliza Tschugunnaja 46 | coris-spb.ru | Metro 1 Wyborgskaja |* L1) betreibt auch die einzige rund um die Uhr arbeitende kommerzielle Notfall-Poliklinik *(travmpunkt)* in der Stadt, wo man bei Augen- oder HNO-Verletzungen, Knochenbrüchen, Verbrennungen etc. schnell und qualifizierte Hilfe erhält.

NOTRUF

Zentraler Notruf für Polizei, Feuerwehr und Rettungsdienst: 112 (nur vom Mobiltelefon)

WICHTIGE HINWEISE

SICHERHEIT

Gelegentlich sehr hohe Bordsteinkanten sind das Gefährlichste an St. Petersburg – mit einer Ausnahme: In

Bussen, der Metro, belebten Cafés im Gedränge an Sehenswürdigkeiten (selbst in Museen!) ist die Gefahr durch Taschendiebe akut. Hier ist äußerste Vor- und Umsicht geboten: Den Reisepass lässt man am besten in der Unterkunft – und steckt eine Kopie von Datenseite und Visum ein.

Eine Diebstahlsanzeige für die Versicherung bekommst du beim zuständigen Polizeirevier, Info: *Touristen-Hotline Tel. 812 4 56 03 03* oder *Polizeibehörde GUWD (Tel. 812 5 73 26 76)*.

KLEIDUNG

So *sexappealno* (das Wort gibt's im Russischen wirklich!) jüngere Russinnen auch herumlaufen mögen – in den Kirchen wird's umso prüder:

Schulterfreies, Shorts (dies auch für die Herren) und kurze Röcke sind tabu. Wenn sich Frauen an der Pforte dann noch ein leichtes Tuch übers Haar legen, haben sie alles richtig gemacht.

ZOLL

Achtung beim Kauf von Kunstwerken und Antiquitäten: Alles, was älter als 100 Jahre ist, darf nicht ausgeführt werden, auch jüngere Objekte sind bei „beträchtlichem kulturellem Wert" tabu. Übliche Souvenirs und kleinere zeitgenössische Bilder (Quittung aufbewahren!) sind problemlos auszuführen. Die EU gewährt die zollfreie Einfuhr von max. 200 Zigaretten, 1 l Spirituosen und 125 g Störkaviar, Schweiz: 250 Zigaretten, kein Kaviar.

WETTER IN ST. PETERSBURG

Hauptsaison
Nebensaison

	JAN.	FEB.	MÄRZ	APRIL	MAI	JUNI	JULI	AUG.	SEPT.	OKT.	NOV.	DEZ.
Tagestemperaturen	-5°	-5°	-1°	7°	14°	19°	22°	20°	14°	7°	2°	-3°
Nachttemperaturen	-11°	-11°	-8°	-1°	5°	11°	14°	13°	8°	3°	-2°	-7°
☀ Sonnenschein Stunden/Tag	1	1	4	6	8	9	9	7	4	2	1	1
☂ Niederschlag Tage/Monat	9	8	7	8	8	10	9	11	11	10	10	10
≋ Wassertemperatur in °C	1	0	0	1	5	12	17	16	12	8	5	2

☀ Sonnenschein Stunden/Tag   ☂ Niederschlag Tage/Monat   ≋ Wassertemperatur in °C

SPICKZETTEL
RUSSISCH

ja/nein/vielleicht	Да/нет/можетбыть	dá/nét/mózhet byt
bitte/danke	Пожалуйста/спасибо	pozhálusta/spasibo
Guten Morgen!/Tag!/Abend!/Gute Nacht!	Доброе утро!/Добрый день!/Добрый вечер!/Спокойной ночи!	Dóbroje útro!/Dóbryj den!/Dóbryj wétscher!/Spokójnoj nótschi!
Hallo!/Auf Wiedersehen!	Привет!/До свидания!	Priwét/Do swidánija!
Tschüss!	Пока!	Poká!
Ich heiße …	Меня зовут …	Menjá sowút …
Wie heißen Sie?	Как Вас зовут?	Kak was sowút?
Entschuldigen Sie!	Извините!	Izwinítje!
Das gefällt mir (nicht).	Это мне (не) нравится.	Eto mnje (ne) nráwica.
Haben Sie …?	У вас есть …?	U wás jést …?

ZEIGEBILDER

ESSEN & TRINKEN

Reservieren Sie uns bitte für heute Abend einen Tisch für vier Personen.	Забронируйте нам пожалуйста сегодня на вечер стол на четыре человека.	Sabronírujte nam pozhálusta segódnja na wétscher stol na tschetýre tschelowéka.
Die Speisekarte, bitte.	Меню пожалуйста.	Menjú pozhálusta.
Könnte ich bitte … haben?	Вы не принесёте мне …?	Wy ne prinesjóte mne …?
Vegetarier/Allergie	вегетарианец/ аллергия	wegetarianéz/alergíja
(kein) Trinkwasser	(нет) питьевой воды	(net) pitjewój wodý
Ich möchte zahlen, bitte.	Я хочу заплатить.	Ja hotschú zaplatít.
bar/Kreditkarte	наличные/ кредитная карта	nalítschnyje/ kredítnaja kárta
teuer/billig/Preis	дорого/дёшево/ цена	dorogó/deschjówo/ zena

NÜTZLICHES

Wo ist …?	Где находится …?	Gdje nachodíca …?
links/rechts/geradeaus	налево/направо/ прямо	naléwo/napráwo/ prjámo
Wie viel Uhr ist es?	Который час?	Kotóryj tschás?
heute/morgen/gestern	сегодня/завтра/ вчера	segódnja/záwtra/ wtscherá
Wie viel kostet …?	Сколько стоит …?	Skólko stóit …?
WLAN	беспроводной интернет	besprowódnoj ínternet
offen/geschlossen	открыто/закрыто	otkrýto/zakrýto
Apotheke	аптека	aptéka
Fieber/Schmerzen	температура/боли	temperatúra/bóli
Hilfe!/Achtung!	На помощь!/ Внимание!	Na pómoschtsch!/ Wnimánije!
Gefahr/gefährlich	опасность/опасно	opásnost/opásno
kaputt	сломан	slóman
0/1/2/3/4/5/6/7/8/9/10/ 100/1000	ноль/один/два/три/ четыре/пять/шесть/ семь/восемь/ девять/десять/сто/ тысяча	nol/odín/dwa/tri/ tschetýre/pjat/ schest/sem/wósem/ déwjat/désjat/sto/ týsjatscha

ST.PETERSBURG FEELING

ZUM EINSTIMMEN & AUSKLINGEN

LESESTOFF & FILMFUTTER

📖 33 AUGENBLICKE DES GLÜCKS

1995 erschienenes Erstlingswerk des preisgekrönten Bestsellerautors Ingo Schulze. In den Kurzgeschichten geht es um die Erlebnisse eines Deutschen in St. Petersburg nach dem Fall des Eisernen Vorhangs

📖 SPALTKOPF

Die Wiener Schriftstellerin Julya Rabinowich erinnert sich in dem 2008 erschienenen Roman mit aller Komik und Tragik an ihre Kindheit in einer Leningrader Kommunalka – und die großen und kleinen Schocks der Emigration

🎥 RUSSIAN ARK

Regisseur Alexander Sokurow schafft ganz große Filmkunst: Er lässt die Kamera in einem 90-minütigen Schwenk nonstop 1 km weit durch die Eremitage fahren. Keine Chance auf eine zweite Einstellung für die 2000 Schauspieler und Statisten

🎥 ONEGIN

Ralph Fiennes als liebeskranker Eugen Onegin in einer melodramatischen Verfilmung (1999) von Alexander Puschkins großem Versroman. Gedreht wurde teils vor Petersburger Originalkulisse

PLAYLIST PITER ROCKT

0:58

‖ LENINGRAD – V PITERE PIT
„Trinken in Piter" sei ein „Lied über Tourismus", heißt es in dem Hit (2016) der Kultband. Typisch für sie: Das stimmt so nicht!

▶ KINO – PEREMEN
Das 1986 vom legendären Bandleader Viktor Zoi geschriebene Lied mit der Zeile „Veränderungen, wir warten auf Veränderungen" wurde zur Hymne der Perestroika-Generation.

▶ AUKTYON – DOROGA
Die Underground-Band aus Sowjetzeiten verweigert sich bis heute dem Kommerz.

▶ KOLIBRI – ORLANDINA
Das stilvoll-stimmstarke Frauen-Quartett um Natalja Piwowarowa war der Hingucker der 90er Jahre.

▶ DDT – LUBOV NE PROPALA
Juri Schewtschuk und seine Band sind seit Gorbatschows Zeiten der Top-Act des Petersburger Rocks..

Den Soundtrack zum Urlaub gibt's auf **Spotify** unter **MARCO POLO Russia**

Oder Code mit Spotify-App scannen

AB INS NETZ

YANDEX.TRANSPORT
Die App zeigt auf ihrer integrierten Karte alle Haltestellen und dazu in Echtzeit die Bewegung der meisten ÖPNV-Fahrzeuge an. Das Angebot ist zwar nur auf Russisch, die wichtigen Informationen sind aber trotzdem erkennbar und nützlich.

SPOTTEDBYLOCALS.COM/SAINT PETERSBURG
Junge Einheimische empfehlen Neuentdeckungen und Lieblingsplätze in der Stadt – architektonischer, kultureller oder gastronomischer Art.

SPZEITUNG.RU
Der „St. Petersburger Herold" wird von dem schon lange in der Stadt lebenden Schweizer Eugen von Arb gemacht.

ST. PETERSBURG MAP AND WALKS
Mehr als ein Dutzend (englische) Stadtspaziergänge für iPhone, iPad und Android

VISIT PETERSBURG
Die App der städtischen Tourismusinformation. Vorerst nur auf Russisch, englische Version in Vorbereitung.

TRAVEL PURSUIT

DAS MARCO POLO URLAUBSQUIZ

Weißt du, wie St. Petersburg tickt? Teste hier dein Wissen über die kleinen Geheimnisse und Eigenheiten von Stadt und Leuten. Die Lösungen findest du in der Fußzeile. Und ganz ausführlich auf den S. 20–25.

❶ Was wird in St. Petersburg nächtens hochgeklappt?
a) Die Bürgersteige
b) Die Newa-Brücken
c) Die Kinnladen staunender Touristen

❷ Wozu werden viele öffentliche Institutionen einmal im Monat für einen Tag geschlossen?
a) Zum Putzen
b) Zum Trinkgelage, weil Zahltag
c) Zur Inventur

❸ Der neue Wolkenkratzer Lakhta Center ist …
a) … das höchste Bauwerk Russlands
b) … das höchste Haus Europas
c) … 369 Meter hoch

❹ Wer in St. Petersburg in einer *kommunalka* wohnt
a) verfügt über staatlich geförderten Wohnraum
b) führt mit Mitbewohnern eine genossenschaftliche Kasse
c) teilt sich Küche, Bad und Toilette mit Nachbarn

❺ Der Petersburger „Damm" schützt die Stadt vor …
a) … Sturmfluten der Ostsee
b) … Hochwasser der Newa
c) … Regenwassermassen bei Unwetter

❻ Nochmal zum Damm. Über ihn verläuft …
a) … eine Autobahn
b) … Stacheldraht
c) … die Stadtgrenze

❼ Von 1924 bis 1991 hieß St. Petersburg:
a) Petrograd
b) Leningrad
c) Stalingrad

❽ Wenn Russen Lust auf einen Saunagang haben, gehen sie in …
a) … die *datscha*
b) … die *banja*
c) … zur Rushhour in die Metro

❾ St. Petersburgs Flughafen Pulkovo hat den IATA-Code:
a) SPB
b) PUL
c) LED

❿ Wie bekommt der Rasen im 2017 eröffneten neuen Fußballstadion genug Licht zum Wachsen?
a) Gazprom hat spezielle Heizstrahler gesponsort
b) Die Südtribüne wird heruntergeklappt
c) Das Spielfeld wird aus dem Stadion geschoben

⓫ Kultivierte Petersburger mögen den Kosenamen der Stadt nicht so sehr. Er lautet:
a) Piter
b) Pjotr
c) Pietari

⓬ Die Loveparade der Petersburger Schwulen und Lesben ist …
a) … das Party-Hauptevent der Weißen Nächte
b) … jedes Jahr Anlass für Zoff mit konservativen Kirchenkreisen
c) … verboten

REGISTER

LOB ODER KRITIK? WIR FREUEN UNS AUF DEINE NACHRICHT!

Trotz gründlicher Recherche schleichen sich manchmal Fehler ein. Wir hoffen, du hast Verständnis, dass der Verlag dafür keine Haftung übernehmen kann.

MARCO POLO Redaktion • MAIRDUMONT • Postfach 31 51 73751 Ostfildern • info@marcopolo.de

Impressum

Titelbild: Christi-Auferstehungskirche (Mato: J. Huber)

Fotos: Fotos: DuMont Bildarchiv: O. Meinhardt (2/3, 4, 9, 11, 39, 43, 44, 49, 53, 66/67, 81, 82, 91, 104, 142/143); M. Sasse (36/37); huber-images: M. De Santis (12/13), A. Petrosyan (56), K. Trubavin (64); E. Kiselev (84); Laif: M. Galli (40), A. Hub (32), M. Sasse (62, 77), D. Schwelle (96/97), G. Theis (17, 101, 102, 114/115); Laif/Le Figaro Magazine/Martin (95); Laif/SZ Photo: G. Jose (130, 132/133); Look/age fotostock (26/27); Look/robertharding (6/7); mauritius images/Alamy: (69, 92), PE Forsberg (136), N. Setchfield (8), M. Verde (Klappe vorne außen, Klappe vorne innen/1); mauritius images/ClickAlps (54); mauritius images/hemis.fr: (86/87), S. Sonnet (22); mauritius images/Travel Collection (116/117); mauritius images/Westend61 (108/109, 144/145); O. Meinhardt (147); A. Petrosyan (14/15); picture-alliance: W. Rothermel (70); picture-alliance/dpa: R. Shamukov (58/59); picture-alliance/TASS: A. Demianchuk (21, 35), P. Kovalev (10, 25, 110/111, 112/113); M. Sasse (107, 127); Schapowalow: G. Gräfenhain (124); vario images/Westend61 (72/73)

15. Auflage 2020, komplett überarbeitet und neu gestaltet

© MAIRDUMONT GmbH & Co. KG, Ostfildern
Autor: Lothar Deeg
Redaktion: Jens Bey
Bildredaktion: Anja Schlatterer
Kartografie: © MAIRDUMONT, Ostfildern (S. 118–119, 121, 125, 128–129, Umschlag innen, Umschlag außen, Faltkarte); DuMont Reisekartografie, Fürstenfeldbruck © MAIRDUMONT, Ostfildern (S. 131); © MAIRDUMONT, Ostfildern, unter Verwendung von Kartendaten von OpenStreetMap, Lizenz CC-BY-SA 2.0 (S. 28–29, 31, 41, 46–47, 51, 57, 61, 65, 74–75, 88–89, 98–99)
Als touristischer Verlag stellen wir bei den Karten nur den De-facto-Stand dar. Dieser kann von der völkerrechtlichen Lage abweichen und ist völlig wertungsfrei.
Gestaltung Cover, Umschlag und Faltkartencover: bilekjaeger_Kreativagentur mit Zukunftswerkstatt, Stuttgart; Gestaltung Innenlayout: Langenstein Communication GmbH, Ludwigsburg
Spickzettel: in Zusammenarbeit mit PONS GmbH, Stuttgart
Konzept Coverlines: Jutta Metzler, bessere-texte.de

Printed in Poland

MIX
Paper from responsible sources
FSC® C018236

MARCO POLO AUTOR
LOTHAR DEEG

Seit 24 Jahren lebt er als Korrespondent und Buchautor in dieser Stadt – und staunt noch immer, wie man hier überall auf Orte der Weltgeschichte stößt. Wenn der Hund beim Gassiegehen sein Geschäft vor Zar Peters Häuschen oder unter dem Balkon macht, von dem Lenin revolutionäre Reden hielt, ist der deutsche „Petersbürger" allerdings froh, dass solche Orte nicht mehr den Rang von Heiligtümern haben.

BLOSS NICHT!

FETTNÄPFCHEN UND REINFÄLLE VERMEIDEN

TRANSPIRIEREN

Schwitzen gilt – außer in der *banja*, der feucht-heißen russischen Sauna – als äußerst unfein. Lieber also zu spät zu einer Verabredung kommen, als mit deutscher Pünktlichkeit, aber dafür gehetzt und feucht-glänzend.

ALLEIN TRINKEN

Wein, Wodka oder *shampanskoje* (Sekt) trinken Russen nur synchron – nach ausführlichem Trinkspruch und Anstoßen. Gilt der Toast Verstorbenen, dürfen die Gläser nicht klingen.

LEICHTES SCHUHWERK TRAGEN

Petersburg-Neulinge unterschätzen die großen Distanzen in der Innenstadt. Doch nicht nur die Dimensionen sind eine Herausforderung für die Kondition und vor allem die Füße: Bei Regenwetter bilden sich riesige Pfützen. Und die meisten Regenrohre führen nicht in die Kanalisation, sondern einfach aufs Trottoir.

HÄNDE SCHÜTTELN

Nur Männer begrüßen sich in Russland per Handschlag. Frauen ist es geradezu unangenehm, eine ausgestreckte Hand zu ergreifen. Ein Händedruck über einer Türschwelle gilt sogar als böses Omen. Besser also nur freundlich nicken.

KYRILLISCH FÜR UNLESERLICH HALTEN

Wer russische Aufschriften entziffern kann, bewegt sich in der Stadt deutlich souveräner, denn viele Worte klingen vertraut. Zum Lernen reichen die zwei Stunden im Flugzeug. Denn sechs Buchstaben des Alphabets sind identisch mit dem lateinischen, einige weitere sehr ähnlich. Den Rest kann man sich schnell einprägen.